Sweet Glasritzen
スウィートグラスリッツェン

輝きの手彫りガラス

Sweet Glasritzen

アニバーサリーパーティー

ようこそ私達の食卓へ・・・。多くの時間をかけて、彫り上げたガラスの器はどれも宝物です。
親しい友人をお招きしての、パーティーの準備が整いました。

花かご

バロックの風景

Sweet Glasritzen

ツリーの準備

森の中の多くの木々から今年だけの特別なツリーを切り出します。

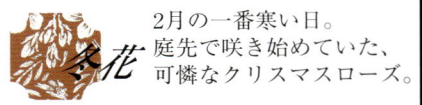

冬花 2月の一番寒い日。庭先で咲き始めていた、可憐なクリスマスローズ。

クリスマスの準備

小さな時を紡いで、積み重なった幸せ。
コツコツ仕上げたクリスマスプレート・・・。
それぞれの情景が、ひとつに集まりました。

四季の花々

今とばかりに咲き誇る花達の
美しさと香りを、プレート
の中に閉じこめました。
作り方／四季の花々49〜53ページ

春

薄桜色の散る姿に魅せられ、緑と赤のグラスに彫ったその姿に、
あらためて新鮮な驚きを呼び起こしました。
作り方／桜のミニワイングラス 71ページ

Sweet Glasritzen

薔薇

ミニ薔薇を
小さなグラスいっぱいに
咲かせてみましょう。
作り方／
バラのミニワイングラス 60ページ

Sweet Glasritzen

シダとアジアンタム
葉の重なりが涼しさを誘う、夏の午後です。
作り方／シダとアジアンタム 86ページ　図案／90、91ページ

雨ガエルと守宮(やもり)

雨がシトシト、梅雨時の楽しい水遊び。
作り方／左・守宮 84、85ページ　右・雨ガエル 82、83ページ

子ライオン

遊び疲れた赤ちゃんライオンは、木陰でちょっとひと休み・・・。
作り方／子ライオン 63ページ
図案／88、89ページ

バロックの様式美

考えながら彫り足していくうちに、
一つのまとまったデザインとして、
徐々に完成されていく、その喜び。

Sweet Glasritzen

ドレスデン

クラシカルで荘厳な空気感を
緑のガラスの中に描きました。

Sweet Glasritzen

二人の天使

可愛い天使達が
小さな幸せを祈っています。
作り方／二人の天使75ページ

オールドローズの水差し

遠い英国の館の、食器棚の奥に忘れられた、
塵の積もった水差しを思い描いて・・・。

ドアの灯り

今夜も明かりを灯します。
サンタさんが迷わぬように。
作り方／ドアの灯り 56ページ

おとずれ

春が土の中から始まり、
野原は緑で染まります。
作り方／
水仙のオールドグラス 74ページ

夜明け

遠い山の向こうから、朝日と
ともに今日も始まります。
作り方／夜明け 48ページ

Sweet Glasritzen

豊潤
たわわに実る樹間は
虫達の楽園です。
作り方／豊潤64、65ページ

躍動
馬の戯れと喜びが器いっぱ
いに溢れ出して・・・。
作り方／躍動 57ページ

15

Sweet Glasritzen

春の家族

子うさぎも生まれ、和やかで、暖かい日々が続きます。

作り方／
うさぎのオールドグラスⅠ 61ページ

秋の家族

うさぎ達が秋の夜長を楽しそうに語りあかしています。

作り方／うさぎのオールドグラスⅡ 62ページ

三重奏

赤、緑、黄それぞれ美しいカラーが勢揃い。

キータッセル

引き出しの奥、タッセルの
ついた古い鍵に目が止まりました。
いったい、何処のドアを開けるのでしょう。

作り方／ヨーロピアンキータッセル 80ページ

Sweet Glasritzen

龍
いつも私のあこがれ・・・
夢のように駈ける、気品ある龍よ。

和花

日本の四季を優しく
彩る、愛すべき花達。

纏足　大切に、ひとつひとつ手作りされた、唐の時代の習わしです。

ジャスミンの香り　異国のティーセレモニーに、何故か心惹かれます。
作り方／金魚 66ページ

Sweet Glasritzen

上／椿とシャクヤク　下／長崎出島

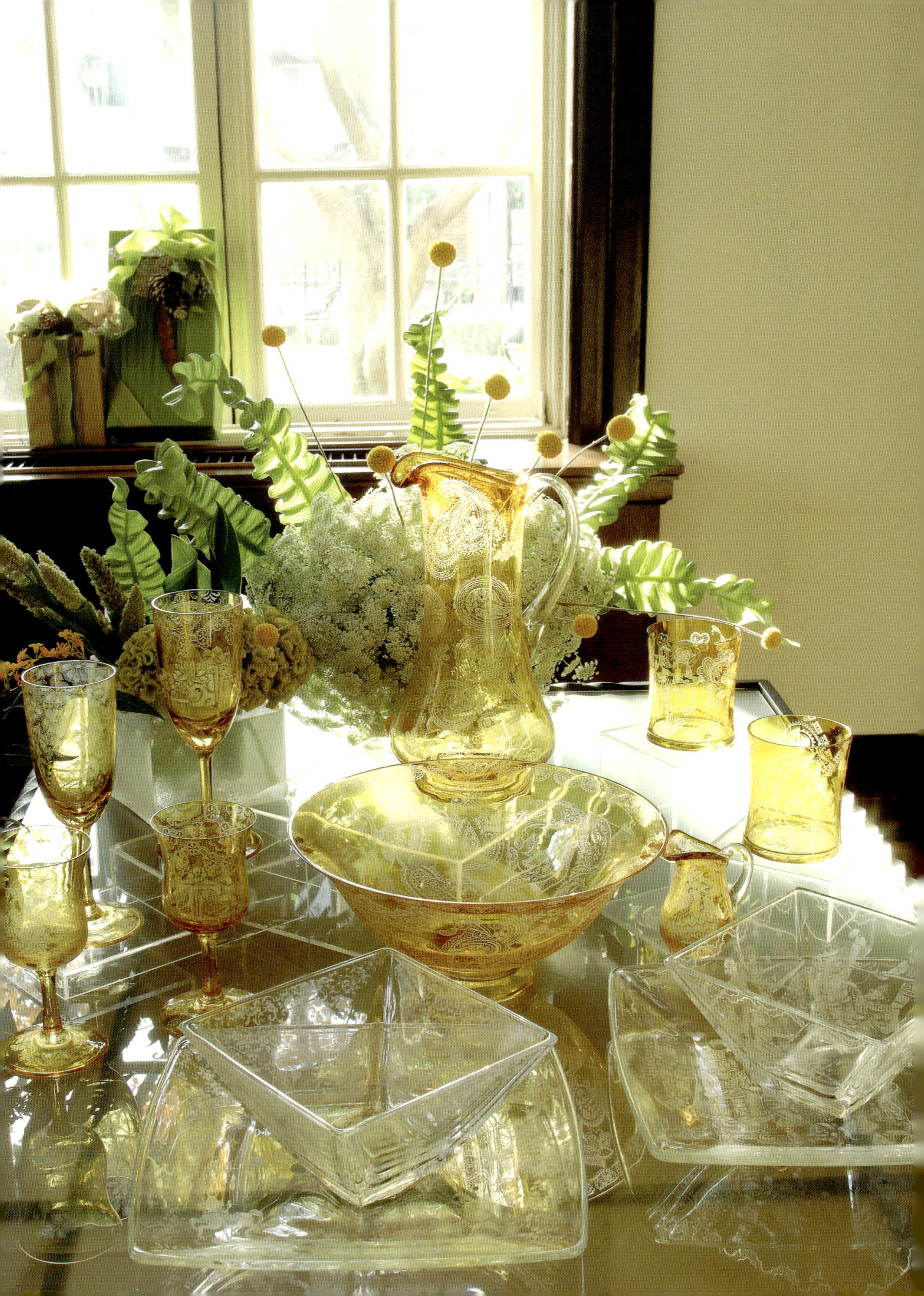

Sweet Glasritzen

ペーズリー模様

明るい黄色が幸せを運びます。
時間や手間を惜しまず、繊細な線に迷い
を感じながらも、丁寧に仕上げました。

作り方／ペーズリー模様 76、77ページ

Sweet Glasritzen

輝き

マーガレット
作り方／マーガレットのミニワイングラス 70ページ

X'mas ペーズリー

Sweet Glasritzen

兄妹の天使

サンタが来るまで一緒に待っててね・・・。
眠くなったら教えてね。

作り方／兄妹の天使 54、55ページ

くるみ割り人形

喜んでもらえるかな 喜んでもらえるかな、ちょっと大き過ぎたかな、首がちゃんと通るかな・・・。始めての編みものへ挑戦です。

王冠

凛とした、その紋章に、思わず背筋を伸ばします。

グラス片手に

Sweet Glasritzen

アネモネ

一日の終わり、安らぎの時間。自分へのご褒美に、小さなワイングラスで。

うつむき

楚々とした、あの長いまつげの横顔を思い出して・・・。

29

Sweet Glasritzen

天使の詩

天使の仕事

千夜一夜物語

願いを叶えてくれるアラジンのランプ、遠い遠い昔の夢物語・・・。
作り方／千夜一夜物語 81ページ

Sweet Glasritzen

赤のミニ皿

小さな赤いお皿に"可愛い"をいっぱいに入れましょう。
作り方／金魚 66ページ・トーシューズ 68ページ

緑のミニ皿

小さな緑のお皿に"シック"をいっぱいに入れましょう。
作り方／アンティークシューズ 69ページ・レース模様 67ページ

Sweet Glasritzen

つる薔薇
垣根を覆うつる薔薇に
こんなに感動するなんて。
作り方／つるバラのオールドグラス
72、73ページ

リーガルベコニア
作り方／リーガルベコニア 58、59ページ・プロセス 38、39ページ

イニシャル

キリッとすまして私のイニシャル。
Myグラスはいつも誇らしげに・・・。
作り方／イニシャル 87、92〜94ページ
プロセス 46、47ページ

35

女王

気高さと品格をその優しさに・・・。

おしゃべり

優雅なドレスで私達だけの楽しいおしゃべりを・・・。

Sweet Glasritzen

被せガラスに リーガルベコニアを彫る

材料・用具
赤の被せガラス　グミ針　丸針　剣先針　極細針　ホルダー　図案　セロハンテープ　ハサミ

Point
◆リーガルベコニアは多くの花と葉が重なるため、始めは白く彫りすぎないように注意する。全体の8割くらいを仕上げてから、赤く彫り残す面と、白く彫った面とのバランスを見て、最後の彫りを加えていくと綺麗に仕上がります。

7.5×7.5×9cm

カラー口絵／34ページ
図案／58、59ページ

1　図案はぎりぎりに切り、ランダムに上下に切り込みを入れます。

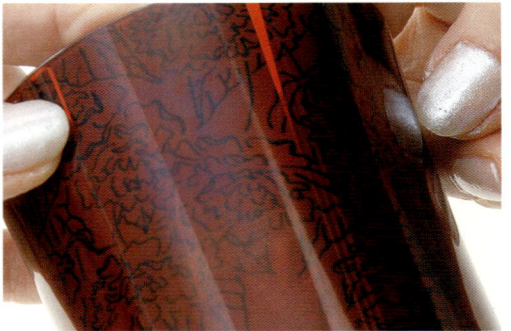

2　図案を中に入れ、グラスの高さの中心にフィットさせ、上下の切り込みが開くようにテープで止めます（傷や色むらのある部分に図案を重ねる）。

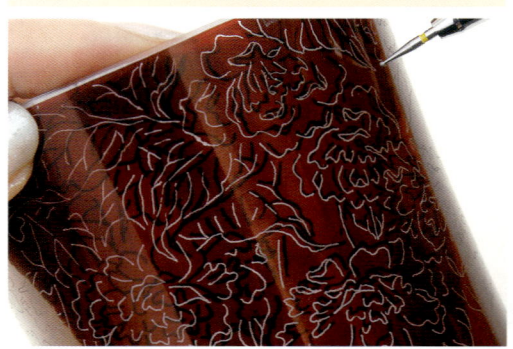

3　全体の輪郭線を丸針で彫ります（花びらや葉の重なりを離すように彫る）。

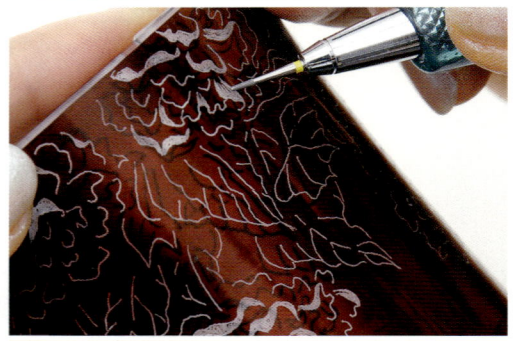

4　花びらの裏返っている部分と内側に倒れている部分を剣先針で彫ります（真っ白に彫りすぎないように注意する）。

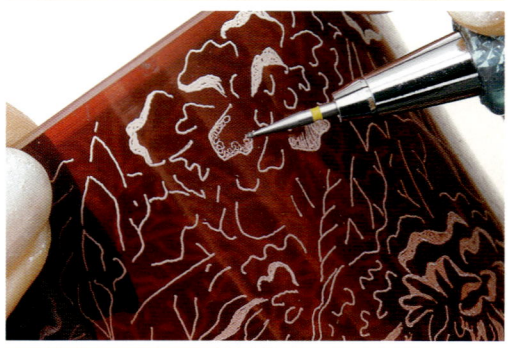

5　花びらの輪郭線の内側を、丸針を使用してら線彫りをします。

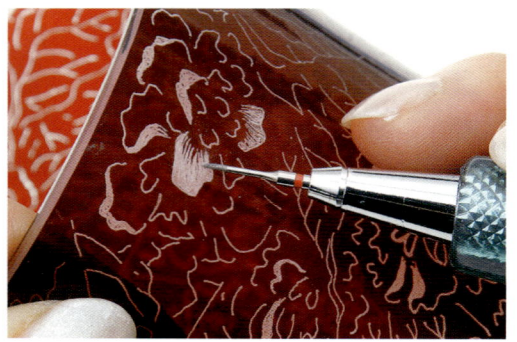

6　丸針でら線彫りの上から花芯に向かって線彫り（粗彫り）をした後、極細針で細かい線を彫り足します。

7 グミ針で花びらを滑らかに、仕上げ彫りをします。

8 全体の花びらを彫り上げます。

9 葉は丸針で中心葉脈の下側の葉面から、ら線で彫り始めます(葉の凹凸を出すために粗彫り)。

10 中心葉脈、脇葉脈を残すように上側を彫ります。

11 葉の反り返っている部分は、剣先針で彫ります。

12 茎は極細針で1本垂直線を彫り、横に短い線を垂直に入れます。

13 茎の幅を出すように極細針で彫ります。

14 茎を彫り終わり、完成です。

Sweet Glasritzen

鏡の中の歴史
ツウインガー城裏庭のバロック様式の装飾美です。

アンティークレース
作り方／アンティークレース　78、79ページ

はじめに

　これだけ長い間手彫りガラスとかかわっていても、不思議と飽きることがありません。

　透明なガラスに始まり、ここ二、三年はすっかり色被せ(き)ガラスに凝っています。

　それは、思いのほか簡単に彫刻でき、また仕上がりの早さと美しさが、現代の生活環境にあっているからでしょうか。

　本書では、赤、緑、黄色の三色の色被せガラスを中心に、透明ガラスを混ぜての作品構成で、ときにルーターも使用して、変化のある内容をと心がけました。

　道具の進化とともに、デザインの可能性は広がっていくばかりですが、これからも図案づくりに悩みつつ、ガラスを彫るひとときを大切にしていきたいと思います。

　本書の出版にあたり、エーゲルマンのガラスを提供してくださる石田政孝社長、編集の菊地小夜子さん、コーディネーターの草野裕子さん、グラスリッツェンを支えてくれている講師、生徒さんたち、そして、私の家族に感謝します。

井上裕子

グラスリッツエンの材料と用具

材料

被せガラス

透明ガラス

被せガラス（エーゲルマンの歴史）

チェコの伝統的な工芸品であるボヘミアガラス（エーゲルマンガラス）で、本書では赤、黄、緑の三色を使用しています。
1832年ポール地方のガラス職人B・フリードリッヒ・エーゲルマンによって完成されました。
当時、赤いガラスは万病を治す魔法の力を持っていると信じられており、バロック時代の錬金術師をはじめ、一般の人々にも大変人気がありました。
赤いガラスの着色剤として使われていた金・銅・セレンなどを使わずに開発した"赤いグラス"は彼の名前をとって「エーゲルマン」と呼ばれ、エーゲルマンが亡くなった後も、後世に伝えられ、第一次世界大戦後にはチェコのガラス産業を再生させる原動力ともなりました。エーゲルマンガラスは彼の精神と共にボヘミアの古典的な工芸品として、現代も世界中の人々から愛されています。

針とホルダー

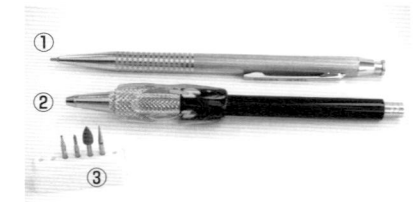

①点刻ペン
点描で彫刻するときなどに使います。
②ホルダー
本書に掲載したミニ針を固定するもので、クッションがつきます。
③針（文中では、ミニの名を省略して記載）

針先拡大
ミニ丸針　ミニ剣先針　ミニグミ針　ミニ極細針

ミニ丸針／基本の針でほとんどの彫りに対応できます。
ミニ剣先針／はっきりした線と面を彫れます。
ミニグミ針／薄い面をぼかしながら入れ、広範囲に面をなでて、滑らかに仕上げます。
ミニ極細針／細かいシャープで緻密な線を彫ります。
●針は無理な力をいれると、曲がったり、折れたりするので注意してください。
●手彫り用の針は人物、植物、風景など繊細な表情や立体感を出すのに使用します。
●ルーターは刺繍模様、ペーズリー模様など、一定の線やドットを繰り返し細かく彫る場合に向いています。

透明ガラス

鉛クリスタル、無鉛クリスタル、カリグラス、ソーダグラス、耐熱グラスなどの種類があります。どのガラスも針を選ぶことで手彫りすることができます。鉛を多く含むものほど透明度は高く、軟らかく彫りやすいです。初心者にはクリスタルガラス（25％以上の有鉛をクリスタルガラス、25％以下をセミクリスタルガラス）をお勧めします。
ソーダグラスは透明度は低く硬いのですが、安価で手に入り易いので、ルーターで彫るのにとても便利です。
カリグラスは硬めですが、透明度が高く美しいので、手彫りでは針を選んで彫ります。ルーター彫りにも使用できます。
無鉛クリスタルは非常に硬いため、手彫りには苦労します。
耐熱グラスは透明度が低く、軟らかいところと硬いところが混合しているので、加熱することも考慮して、彫る部分に注意して浅めに彫りましょう。
●本書で使用している被せガラス、透明ガラス材料は、手吹きで制作されていますので、小さな傷や色むらがある物や、それぞれの大きさや形状が異なる物もあります。

ルーターとルーター用針

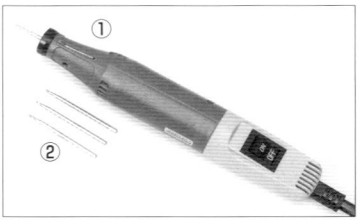

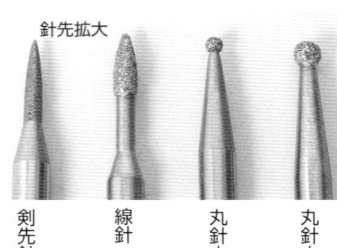

①ルーター
ルーターは針を電動で回転させます。使用時は、必ず説明書を読み、それに従って作業してください。
②ルーター用針
剣先針
細かいシャープな線を彫ります。
線針
太い、はっきりした線を彫ります。
丸針（大・小）
大小のドットを入れたり、幅広線を深く彫れます。

針先拡大
剣先針　線針　丸針小　丸針大

用具

①ハサミ
図案を切ります。
②除光液
油性ペンで写した図案を消します。
③セロハンテープ・両面テープ
図案を固定します。
④油性極性ペン(0.1mm)
図案を写します。
⑤白のガラス用鉛筆
図案構成に使います。
⑥絵の具(銀色)
彫り面の色づけに使います。
⑦綿棒
細かい図案の部分修正に使います。
⑧ティッシュペーパー
濡らして、ガラスの粉を拭き取ります。

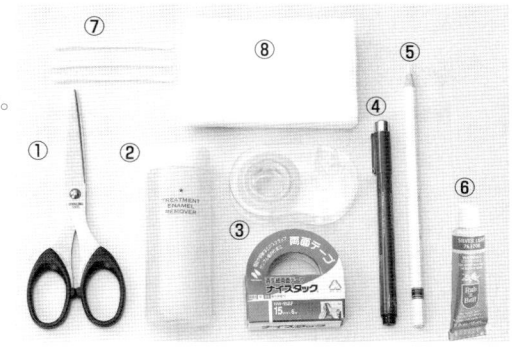

ライトビュア

被せガラスを彫るとき、下より光を当てて、図案を見やすくするためにあると便利です。コピー用紙などを置いて、光の調節をして下さい。

グラスリッツエンの手順

ガラスを彫るための注意点

・明るい場所で彫りましょう。
・無理な姿勢で彫らず、常に素材を動かしながら彫りましょう。
・凹凸のある素材は小さなクッション(ハンドタオルやエアーキャップなど)を凹部に当てて平面を作り、固定させます。
・小さな素材は発泡スチロールなどに窪みを作り、固定させます。
・深く彫り過ぎないように気をつけましょう。
・輪郭線は後で修正できるように、薄めに彫りましょう。
・遠近感や立体感、陰影を表現するために、絵柄の重なり部分や接点は必ず離して彫ります。
・初心者は器の縁から1〜1.5cmは、欠けやすいため彫らないようにしましょう。
・ガラスの粉や細かい破片は、濡れたティッシュペーパーで押さえるようにして、こまめに拭き取りましょう。
・一気に彫らないように、彫りの確認をしながら、作業を進めましょう。
・白く彫り潰すときは、線彫りの上全体にら線彫りを重ねることを繰り返してから、仕上げ彫りをします。

彫るための用語と使用針

点刻（点刻ペン）
ペンを直角に立ててガラス面から5mmほど上から垂直に、一定の力と速度で打ちおろします。
線彫り（ミニ丸針）
力を入れずにホルダーを持ち、小指を支点にしてガラス面に置き、一定の力と速度で彫り進めます。
ら線彫り（ミニ剣先針・ミニ丸針）
小さな弧を描くように彫ります。
面彫り（ミニ丸針・ミニ剣先針）
広い面を彫ります。
ぼかし（ミニグミ針）
広い面をぼかし、滑らかな仕上げにします。

彫るための下準備

▼図案を準備する
ガラスは手吹きのため、大きさや形状が異なりますので、図案の比率を変更して使用して下さい。

▼図案を切る
図案を選び、カーブのあるガラスの内側にフィットするように、輪郭線ぎりぎりに切り抜き、切り込みを入れます。

▼図案を固定する
図案によっては、サインペンで、ガラスに図案を置くための目安線を入れます。そしてガラス内側にパターンをセロハンテープで貼ります。

▼図案を写す
ガラス面に直接、油性極細ペンで図案の少し外側を直線か破線で描き写します。また図案が内側に入らない器などは、ガラスの上に転写紙（チャコペーパーも可）を置き、その上に図案を重ね、ボールペンでなぞります。

ガラスを彫りましょう

▼ガラスを安定させる
白いハンドタオルなどで、ガラスが安定して彫れるように、下に敷くベースを作り、タオルの上にガラスを置き、彫り易い位置で、彫り始めます。針先を1cm出し、ホルダーにセットします。

▼輪郭線を彫る
手前の図案から彫り始めますが、どの図案も各線の接点を離し、ガラス器を動かしながら輪郭線を彫り易い方向から彫ります。

▼面彫り（4種）
①線を重ねて面にしていき、一部を強調し立体感を出します。
②点刻を全体に入れ、白めに一部を打ち足し立体感を出します。
③ら線を細やかに重ねて、凸凹感を出します。
④交差線を短い線で重ね、上から点刻を入れ複雑感を出します。

▼仕上げの彫り
ポイントとなるハイライトや影の部分または、配置のバランスを考えて、パターンを彫り加えて仕上げます。

被せガラスに レース模様を彫る

材料・用具
被せガラスのミニ皿(直径10.5cm) ルーター ルーター用丸針(大・小) 剣先針 図案 両面テープ ハサミ

Point
◆ルーターでカーブのあるガラスを彫るときは下にパッキンなどを入れて、安定した状態を保つことが大切である。
◆ルーターで長い線を彫る場合には針を下より上に向かって動かすほうが安定した線を彫ることができる。

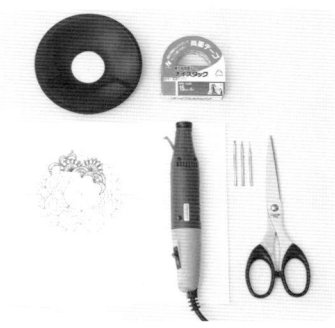

10.5×10.5×1cm

カラー口絵／33ページ
図案／67ページ

1 図案の線に切り込みを入れ、お皿の大きさに合わせ、外形を切ります。

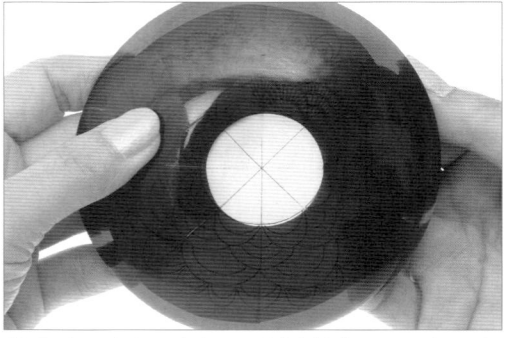

2 図案の中心円とお皿の透明部分の円に合わせ(サイズが合わない場合はコピー機で調節する)、両面テープで止めます。

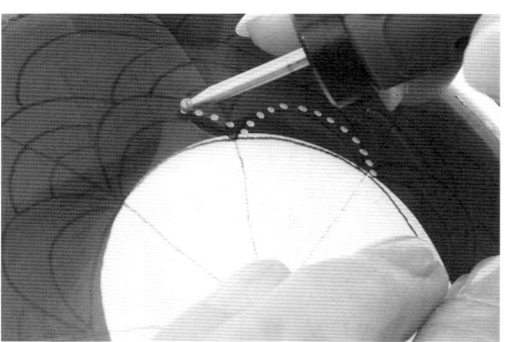

3 ルーター用丸針大で一段目のドット(丸点)を彫ります。同サイズのドットを入れるときは同秒数(2秒)を数え、大きさを揃えます。

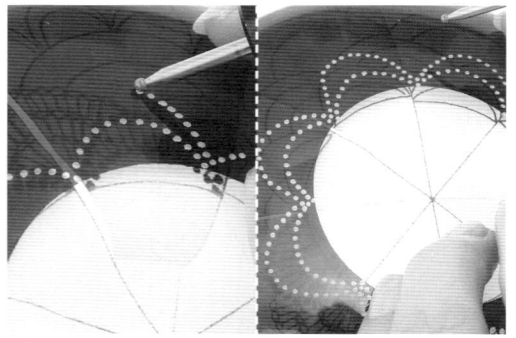

4 二段目のドットを彫ります。等間隔になるように注意して彫りますが、合わないときには一つ飛ばして彫ります。

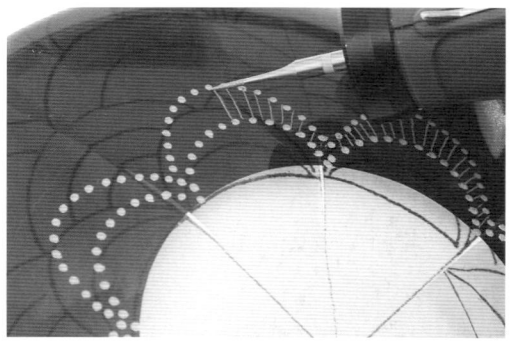

5 一段目と二段目のドットの空間を、剣先針で線をつなぎます(上下のドットをつながず扇形になるように注意する)。

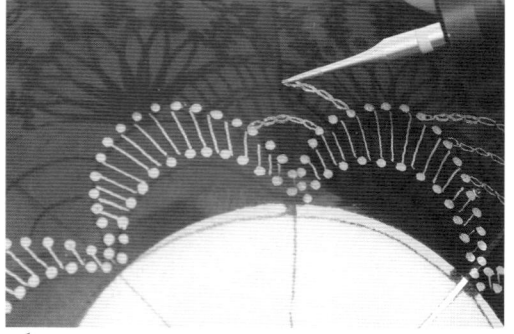

6 三〜五段目を同カーブになるように、剣先針で、鎖模様でつなぎます。

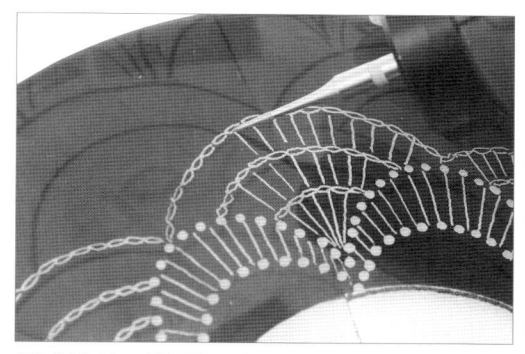

7 剣先針で鎖模様の中心から右へ、中心から左へと扇形に線を三段彫ります。

8 丸針大で六段目のドットを彫ります。

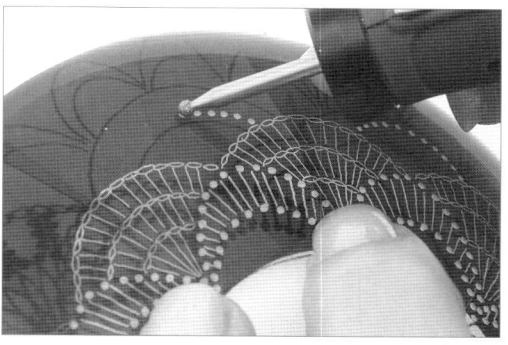

9 剣先針で下段のドットの形に合わせ、七段目の鎖模様を彫ります。

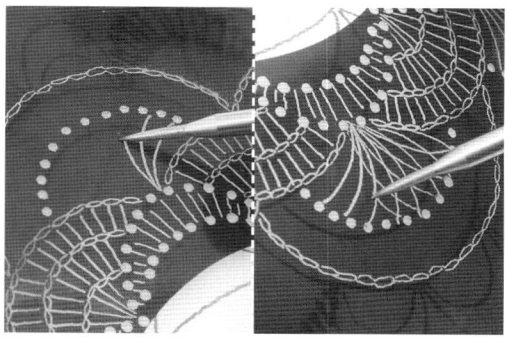

10 二段目のドットの中心から、六段目のドットに向かって放射状に線を入れたら、中心に向かって交差する線を彫ります。

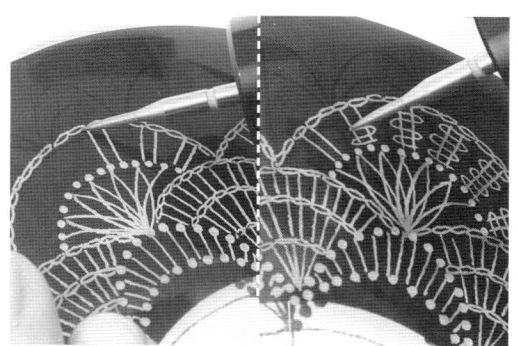

11 剣先針で六段と七段の間のスペースに平行線を等間隔に彫り、その上を波状(下〜上)に針を動かします。

12 丸針小でドットを二段彫り、内側のドットの中央に三つのドットを入れます。

13 剣先針でドットの間に線を入れます。

14 中央に三つの鎖の縁飾りを入れて完成です。

被せガラスに イニシャルを彫る

7.5×7.5×9cm

材料・用具
緑の被せガラス　グミ針　丸針　剣先針　極細針　ホルダー　図案　セロハンテープ　ハサミ

Point
◆短い線は実線で彫りますが、長い線は一定のカーブで彫ることは難しいため、始めは破線で彫り、面彫りするときに外経線を整えながら彫る。
◆彫るときは逆手にならないように常にガラスを動かしながら、楽な姿勢を心がけて彫ること。

カラー口絵／35ページ
解説・図案／87、92～94ページ

1　図案はぎりぎりに切り、ガラスの内側にセロテープで貼ります（ガラスに色むらや傷がある場合はその上に図案を重ねる）。

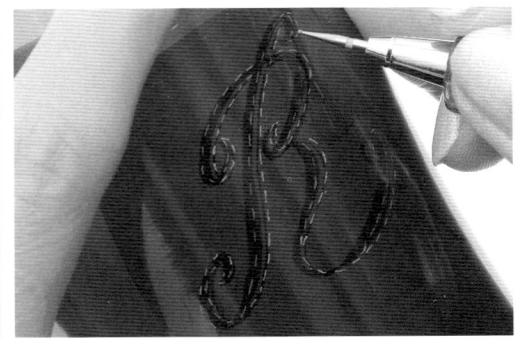

2　イニシャルの図案に沿って、丸針で輪郭線のラインを破線で彫ります。

3　丸針で外径線をつなぎながら、中面を線彫りで埋めていきます。

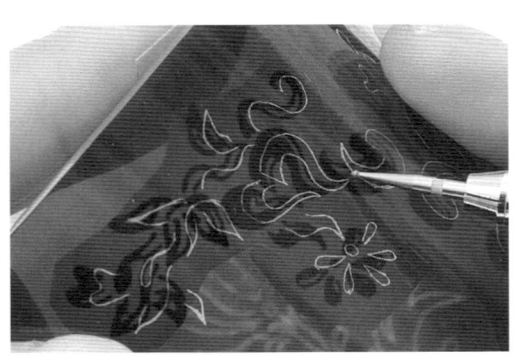

4　周りの模様の短い曲線は実線で外径線を彫ります。

5　丸針で中面の線彫りの上をら線彫りで彫り重ね、再度線彫りで滑らかに整え、白めにイニシャルを仕上げます。

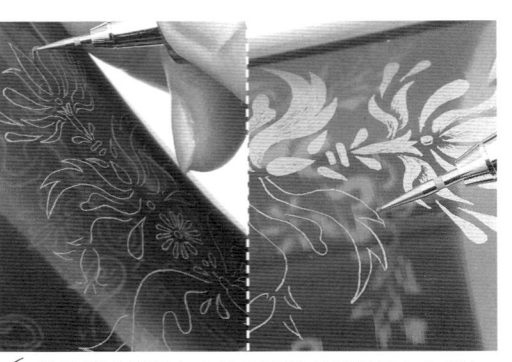

6　後ろ側の模様を丸針で実線の輪郭線を入れた後、面彫りをします。

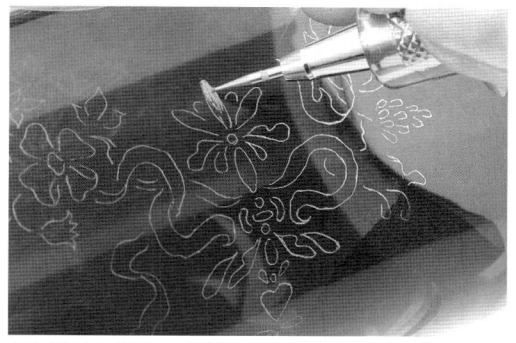

7 側面の模様を丸針で、面彫りして埋めていきます。

8 側面は輪郭線を整えながら、(側面の長い外経線は破線で入れるため、凸凹とした曲線になり易いので)面彫りをします。

9 面彫りしたイニシャルの上をより滑らかにするために、グミ針で整えます。

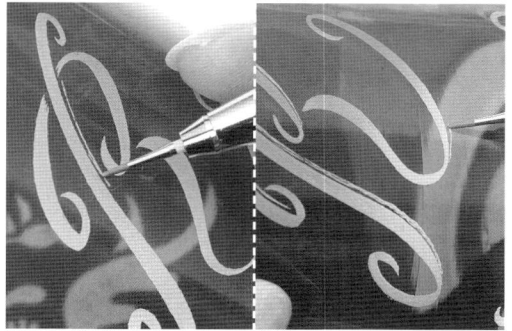

10 文字に立体感を出すために、右側と下側に剣先針で1、2ミリの幅の平行線を加えます。

11 周りの模様も奥行きを出すため、剣先針で1、2ミリの幅のラインを、図案の右側と下側に彫ります。

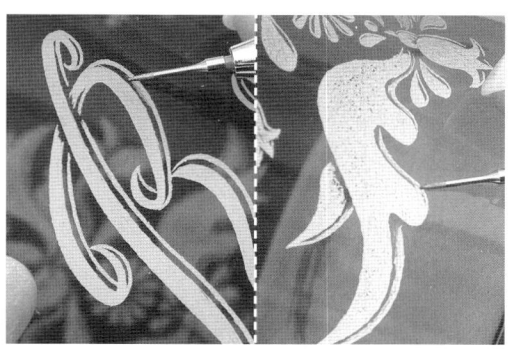

12 極細針で、主にカーブの強い部分に影をつけて、全体をきれいに仕上げます。

後ろ側の完成。

側面の完成。

イニシャルの完成。

夜明け
カラー口絵／14ページ

輪郭線・木・葉・茎
…点刻ペン

10×27×2cm

・この作品の彫りはダイヤモンドポイントと言います
・デザインは裏からのみ打ちます

表面

・すべてを点刻ペン1本で仕上げます
・手前の木から輪郭線を入れていき、奥の木へと進んでいきます
・太陽の光が木の隙間から漏れていくのを意識して、光が当たるのであろうと思われるところに、木の立体感を考えて、幹の表面に点刻を打っていきます（凸凹感を出します）

裏面

近景の山や木を打ち残し、遠くの山、雲、空を遠方になる程、白めに打っていきます。

木の裏から延びる太陽の光を放射状に入れる光源に近い木の葉は白めに入れ、遠くのくに従い薄めに、輪郭のみにする

土は打たずに、一部だけ平面を出すため点刻を入る

ツタの葉を一枚一枚、木にからめていくように下から上へ入れていく

立体感を出すために、一部の枝の上部に流れを考え、点刻を加える

48

四季の花
カラー口絵／6ページ

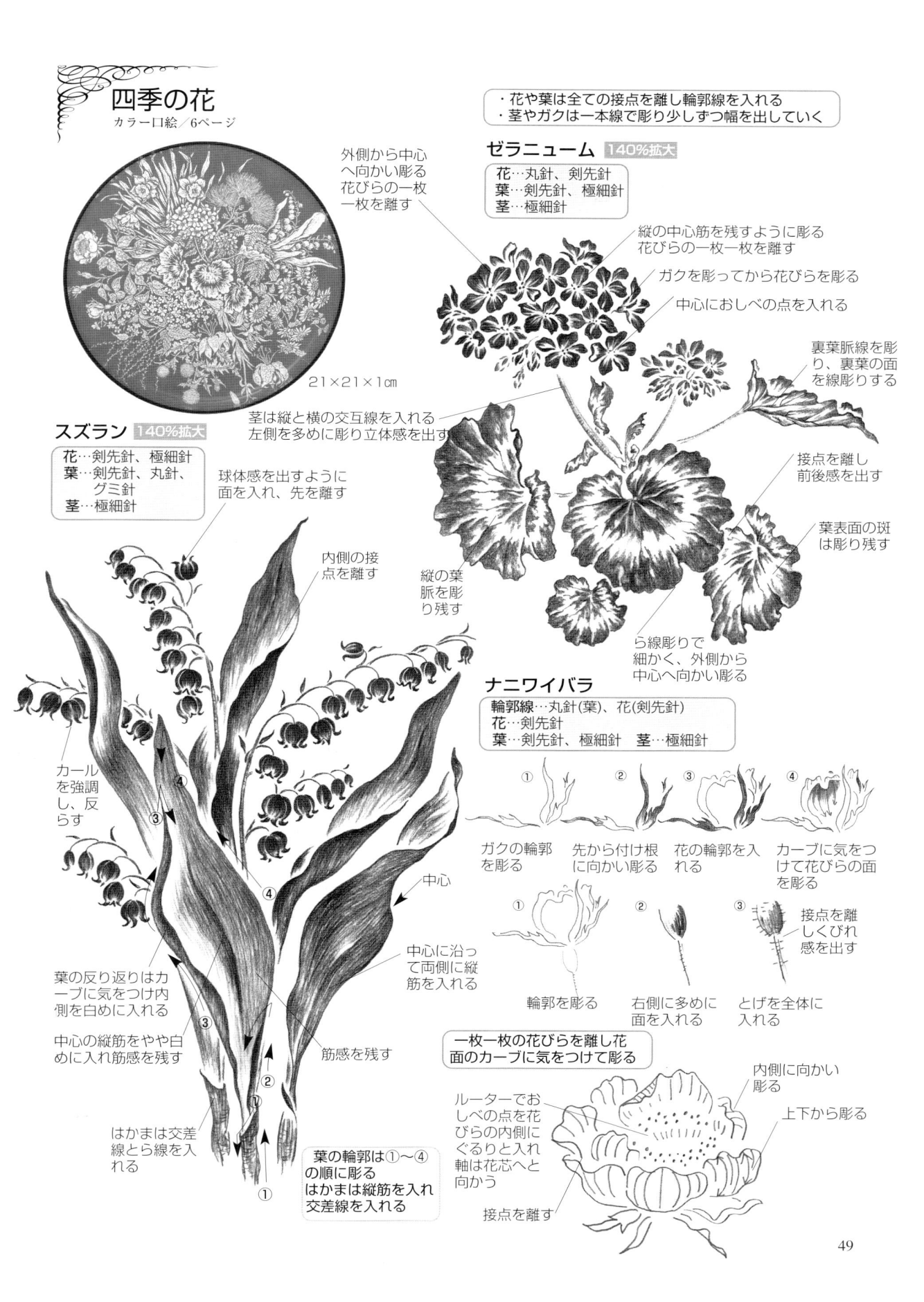

・花や葉は全ての接点を離し輪郭線を入れる
・茎やガクは一本線で彫り少しずつ幅を出していく

21×21×1cm

ゼラニューム 140%拡大
花…丸針、剣先針
葉…剣先針、極細針
茎…極細針

- 外側から中心へ向かい彫る花びらの一枚一枚を離す
- 縦の中心筋を残すように彫る 花びらの一枚一枚を離す
- ガクを彫ってから花びらを彫る
- 中心におしべの点を入れる
- 裏葉脈線を彫り、裏葉の面を線彫りする
- 接点を離し前後感を出す
- 葉表面の斑は彫り残す
- 茎は縦と横の交互線を入れる 左側を多めに彫り立体感を出す
- 縦の葉脈を彫り残す
- ら線彫りで細かく、外側から中心へ向かい彫る

スズラン 140%拡大
花…剣先針、極細針
葉…剣先針、丸針、グミ針
茎…極細針

- 球体感を出すように面を入れ、先を離す
- 内側の接点を離す
- カールを強調し、反らす
- 中心
- 中心に沿って両側に縦筋を入れる
- 筋感を残す
- 葉の反り返りはカーブに気をつけ内側を白めに入れる
- 中心の縦筋をやや白めに入れ筋感を残す
- はかまは交差線とら線を入れる
- 葉の輪郭は①〜④の順に彫る はかまは縦筋を入れ交差線を入れる

ナニワイバラ
輪郭線…丸針(葉)、花(剣先針)
花…剣先針
葉…剣先針、極細針　茎…極細針

① ガクの輪郭を彫る
② 先から付け根に向かい彫る
③ 花の輪郭を入れる
④ カーブに気をつけて花びらの面を彫る

① 輪郭を彫る
② 右側に多めに面を入れる
③ とげを全体に入れる 接点を離しくびれ感を出す

一枚一枚の花びらを離し花面のカーブに気をつけて彫る

- ルーターでおしべの点を花びらの内側にぐるりと入れ軸は花芯へと向かう
- 内側に向かい彫る
- 上下から彫る
- 接点を離す

ナニワイバラ 130%拡大

接点を離す

① 輪郭と中心葉脈を彫る
② 脇葉脈を彫る
③ 縁の周りを彫る
④ 縁の周りとの接点を離し内側面を短い線彫りで面彫りする

花…丸針、剣先針
がく…剣先針
葉…剣先針
トゲ・蕾…極細針

① 先に脇枝を入れる / 左側の線を入れる
② 右側を破線で入れる
③ コブは放射状に短線を入れる / 直角線を入れる
④ トゲを下向きに入れる / 枝に前後感を出すため接点を離す / コブは白めに彫る / 枝全体に左側を白めに細かいらで彫る

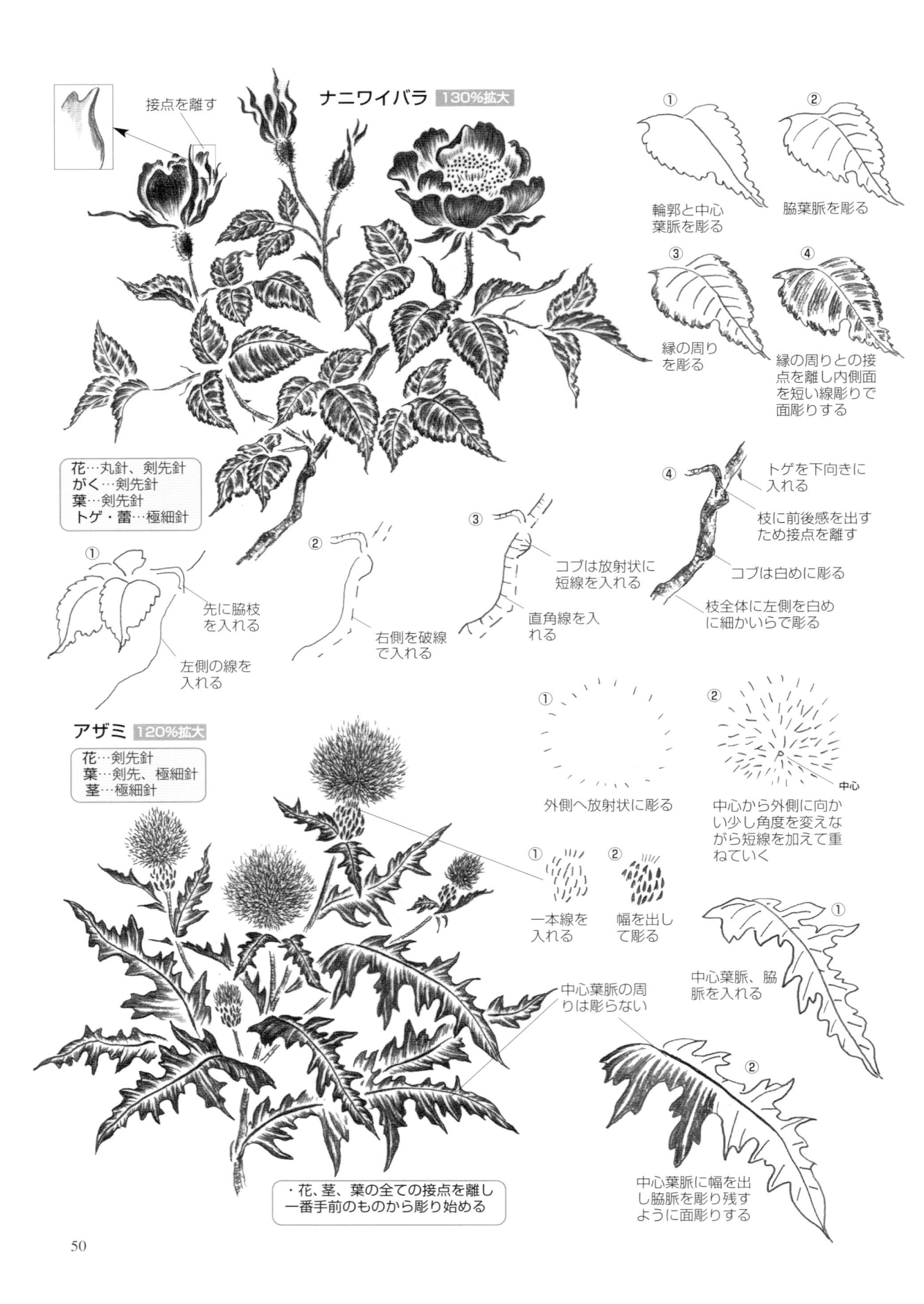

アザミ 120%拡大

花…剣先針
葉…剣先、極細針
茎…極細針

① 外側へ放射状に彫る
② 中心から外側に向かい少し角度を変えながら短線を加えて重ねていく　中心

① 一本線を入れる
② 幅を出して彫る

① 中心葉脈、脇脈を入れる
② 中心葉脈に幅を出し脇脈を彫り残すように面彫りする

中心葉脈の周りは彫らない

・花、茎、葉の全ての接点を離し一番手前のものから彫り始める

合歓の木
130%拡大

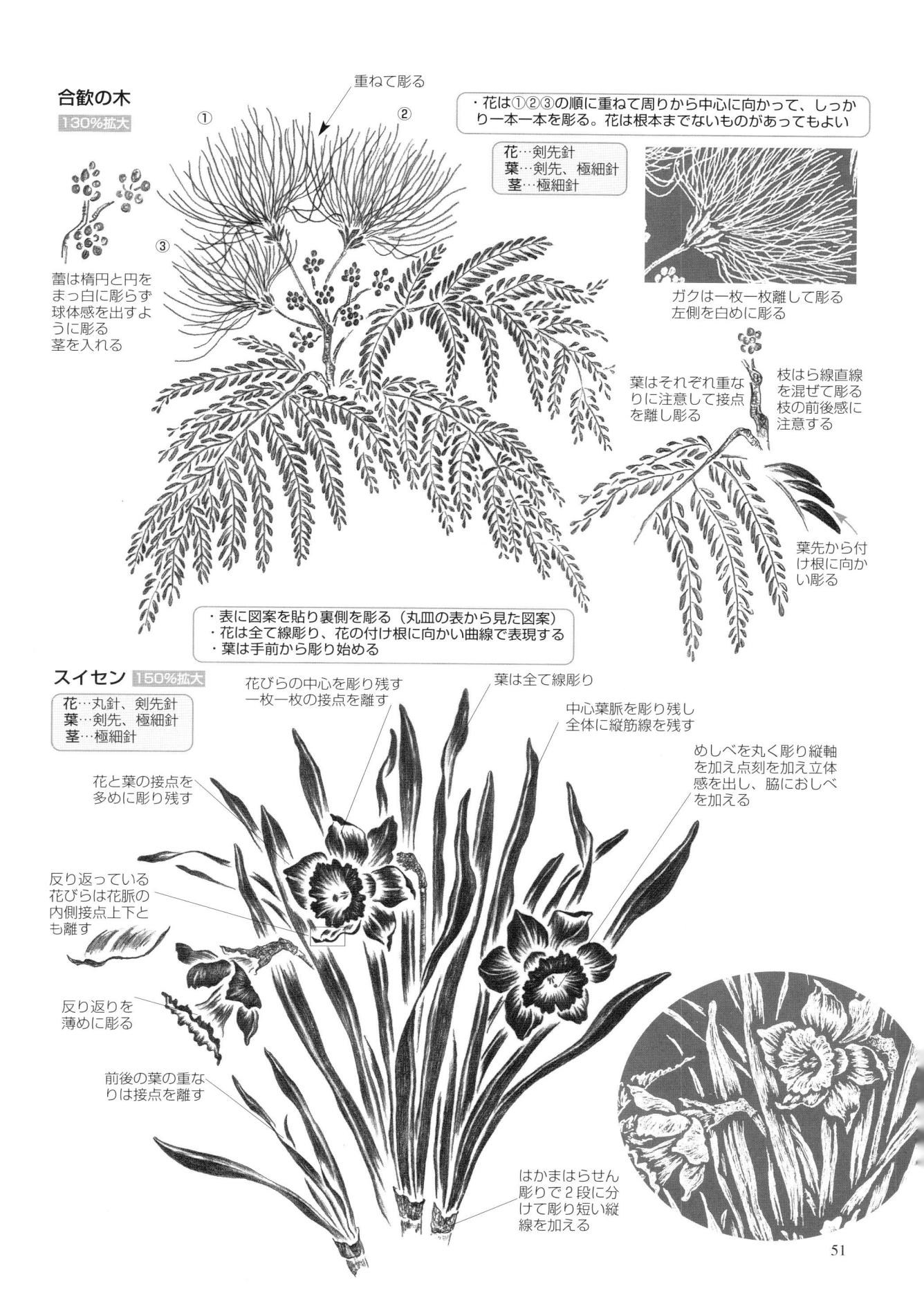

重ねて彫る

① ② ③

・花は①②③の順に重ねて周りから中心に向かって、しっかり一本一本を彫る。花は根本までないものがあってもよい

花…剣先針
葉…剣先、極細針
茎…極細針

蕾は楕円と円をまっ白に彫らず球体感を出すように彫る
茎を入れる

ガクは一枚一枚離して彫る
左側を白めに彫る

葉はそれぞれ重なりに注意して接点を離し彫る

枝はら線直線を混ぜて彫る
枝の前後感に注意する

葉先から付け根に向かい彫る

・表に図案を貼り裏側を彫る（丸皿の表から見た図案）
・花は全て線彫り、花の付け根に向かい曲線で表現する
・葉は手前から彫り始める

スイセン
150%拡大

花…丸針、剣先針
葉…剣先、極細針
茎…極細針

花びらの中心を彫り残す
一枚一枚の接点を離す

葉は全て線彫り

中心葉脈を彫り残し全体に縦筋線を残す

めしべを丸く彫り縦軸を加え点刻を加え立体感を出し、脇におしべを加える

花と葉の接点を多めに彫り残す

反り返っている花びらは花脈の内側接点上下とも離す

反り返りを薄めに彫る

前後の葉の重なりは接点を離す

はかまはらせん彫りで2段に分けて彫り短い縦線を加える

51

野菊 130%拡大

花…剣先針 ・ 茎…極細針
葉…剣先針、極細針、点刻ペン
おしべ…ルーター用丸針小

① ルーターで一部欠けたおしべを彫る

② 内側にら線を細かく入れる（極細針）

③ おしべの軸を彫る（極細針）

④ 各花びらの輪郭を入れ花びらの反りやカーブに気をつけ、接点を離し面彫りする（剣先針）

中心を彫り残す

① おしべをルーターでドーナツ状に彫る（針は丸針小）

② 中心をら線で入れる
外側から内側へぼかす

③ 花びらの輪郭線を一枚一枚の接点を離し彫る
花びらは各々の反りやカーブに気をつけ筋感を残し面彫りする

① 輪郭を彫り、全葉脈を入れる

② 中心葉脈の幅を広げる

③ 脇葉脈から各葉先へ向かい細かいら線で面彫りし点刻でぼかす
各パーツの接点を離す

オニユリ 130%拡大

蕾の中心の花びらを彫り脇の花びらを添える
筋感を残す

茎は垂直線も入れる

花…剣先針
葉…丸針
茎…極細針
おしべ…極細針

① 輪郭と葉脈を入れる

② 中心を縦筋で線彫りする

③ 両脇から中央に向かい面になるように入れていく

根元は太めに彫る

おしべは曲線気味でめしべを囲む形で6本彫る

めしべは直線気味でおしべより太めに彫る

① 輪郭線を入れ、花びらの中心に一本線を入れる

② 反り返りの裏面は縦筋感を残し彫る
表花びらは大きめな水玉を全体に入れ、裏花びらは縦筋感を残し、線彫りで面彫りをする

③ 水玉を残して花面を彫りつぶす

カタバミ 130%拡大

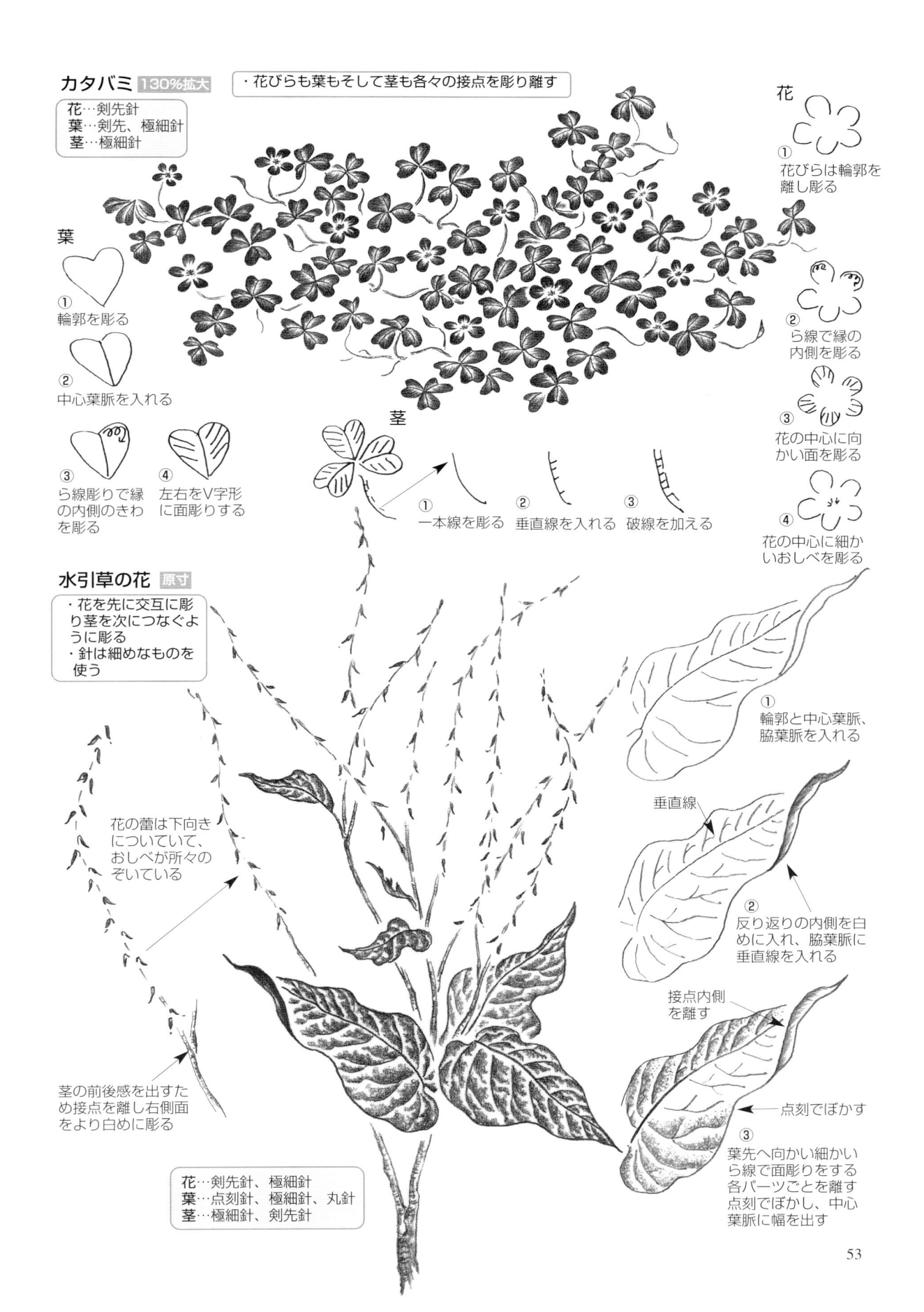

花…剣先針
葉…剣先、極細針
茎…極細針

・花びらも葉もそして茎も各々の接点を彫り離す

葉
① 輪郭を彫る
② 中心葉脈を入れる
③ ら線彫りで縁の内側のきわを彫る
④ 左右をV字形に面彫りする

茎
① 一本線を彫る
② 垂直線を入れる
③ 破線を加える

花
① 花びらは輪郭を離し彫る
② ら線で縁の内側を彫る
③ 花の中心に向かい面を彫る
④ 花の中心に細かいおしべを彫る

水引草の花 原寸

・花を先に交互に彫り茎を次につなぐように彫る
・針は細めなものを使う

花の蕾は下向きについていて、おしべが所々のぞいている

茎の前後感を出すため接点を離し右側面をより白めに彫る

花…剣先針、極細針
葉…点刻針、極細針、丸針
茎…極細針、剣先針

① 輪郭と中心葉脈、脇葉脈を入れる

垂直線

② 反り返りの内側を白めに入れ、脇葉脈に垂直線を入れる

接点内側を離す

点刻でぼかす

③ 葉先へ向かい細かいら線で面彫りをする
各パーツごとを離す
点刻でぼかし、中心葉脈に幅を出す

53

兄妹の天使 原寸
カラー口絵／26ページ

- ガーランドから彫り始めカーテンへと進める
- 球のオーナメントはコンパスの動きで彫る
- 星はら線彫りし右縁を入れ点刻で面を打つ
- 葉は一本線を剣先針で入れ幅を広げるようにして彫る
- リボンはひだ感を残すことに気をつける

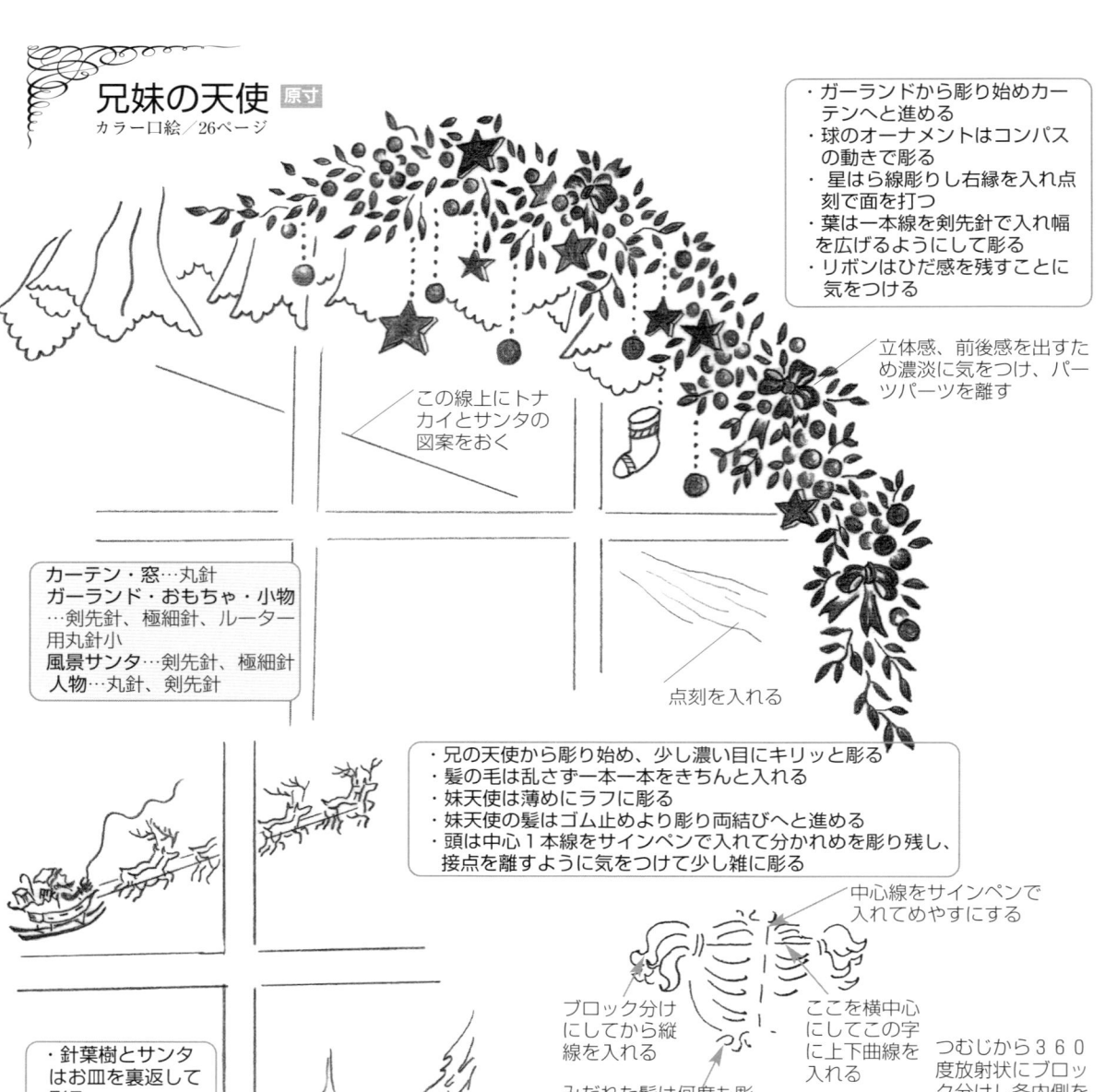

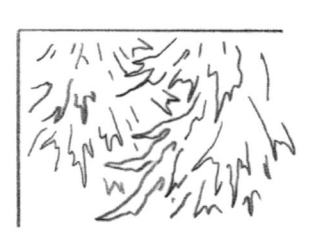

立体感、前後感を出すため濃淡に気をつけ、パーツパーツを離す

この線上にトナカイとサンタの図案をおく

カーテン・窓…丸針
ガーランド・おもちゃ・小物…剣先針、極細針、ルーター用丸針小
風景サンタ…剣先針、極細針
人物…丸針、剣先針

点刻を入れる

- 兄の天使から彫り始め、少し濃い目にキリッと彫る
- 髪の毛は乱さず一本一本をきちんと入れる
- 妹天使は薄めにラフに彫る
- 妹天使の髪はゴム止めより彫り両結びへと進める
- 頭は中心1本線をサインペンで入れて分かれめを彫り残し、接点を離すように気をつけて少し雑に彫る

中心線をサインペンで入れてめやすにする

ブロック分けにしてから縦線を入れる

ここを横中心にしてこの字に上下曲線を入れる

みだれた髪は何度も彫らず間違っても一回彫るだけにする

つむじから360度放射状にブロック分けし各内側を縦線彫りで埋め、毛先にカールをしっかりと彫る

- 針葉樹とサンタはお皿を裏返して彫る
- トナカイはかなり小さいので何度も線を入れないで、一本輪郭線の幅を少し広げるだけという気持ちで彫り、上から各パーツに影を入れる

細かなら線彫り

羽先から中心内側へ線彫り一羽一羽離す

中心

中心より両側から内側へ向かって薄くなるらに線彫り

リボンの各接点は離すリボンのうねりに注意

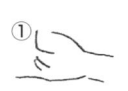

① 手は指の背より彫り始める
② 親指と人差し指の内側線を入れる 
③ 骨の流れに沿って幅を出して彫る 
④ 手の甲をら線で彫る 

※矢印は濃くから薄くへと、彫り進む方向を表しています。

円を内側に少しずつ小さく整えていき、縦に線彫りしてカーテンを仕上げる

32×32×1.5cm

円を連ねてカーテンの縁の輪郭をとる

ドレープの接点を離す

ルータ用丸針小で点を入れる

オーナメントとカーテンは離して彫る

線彫りで輪郭と模様を入れ、ら線で面を彫り込む

リボンを彫ってからカーテンを彫る
ヒダを感じるようにウェーブに気をつける

桟は裏から線彫りし、その上を点刻で雪を白めに打ち積もらせる

細かいら線を彫り各接点は離す

天使の周りと窓の接点は多めに離す

木は線彫りで輪郭を彫り各面を下から上へ持ち上げるように接点を離し線彫りし点刻で上から白めに雪を打つ

ら線彫り

点刻とら線彫り

接点を離しら線彫り

湯気は点刻

カップ内側は横曲線 外側はら線彫り

ルーター用丸針小で点を彫る

縁を入れる

線彫りと点刻

放射状

縦と横線

横の曲線

ドアの灯り
カラー口絵／13ページ

彫る順番
① リースを彫る
　ベル→リボン→葉
② ドアを彫る
③ 子供を彫る
　左腕→髪→顔→服→足→ブーツ→右腕→ろうそく→光
④ 灯を彫る
⑤ ドアフレームを彫る
⑥ カーペットを彫る
⑦ 傘立てを彫る

32×32×1.5cm

裏図案
原寸

- ドア縁は表面で彫る(裏のめやすのライン)
- 上から下へ向かい「ハ」の字を重ねるように彫る
- 石畳はら線彫りで一枚一枚の接点を離す

表図案
原寸

- リースの周りとドアとの接点はと離す
- グミ針できれいなアールに彫る
- ドアの縁を離す
- 時計の反対まわりで葉を重ねていく
- 光は点刻ペンで放射状に打つ
- 取手を彫り鍵面を彫る
- 洋服は線彫りとら線彫りを重ねる
- 細かいら線彫り
- 中心より右左に彫り、外側より内側に線彫り
- 縦と横線の交互線で一部に面彫り
- スカートは中心面を目安に外側より内側に線彫りとら線彫りを重ねる
- 中心面
- ドア内面は縦線と横線を交互に彫り、右側から左にぼかす
- くさり編み模様に彫る
- 斜めの線に彫る
- 厚みを出すために一本線を加える
- ら線彫りの重ねを繰り返す

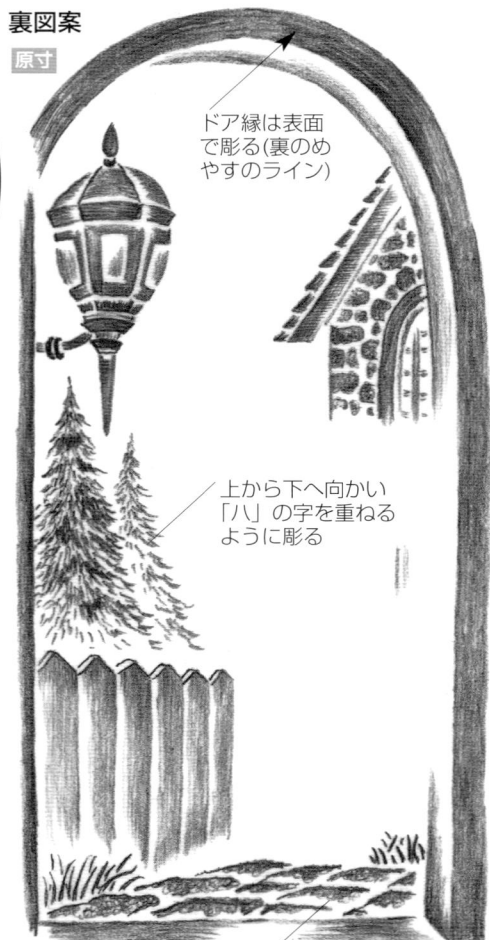

※矢印は濃くから薄くへと、彫り進む方向を表しています。

リース…剣先針
ドア・ドアフレーム…グミ針、丸針
子供…グミ針、丸針、剣先針、極細針
灯り…点刻ペン
カーペット…点刻ペン、点刻ペン
傘立て…剣先針

躍動

カラー口絵／15ページ

20×20×15cm

天 ←→ 書

原寸

彫る順番
全ての装飾具→頭→首→首→ひづめ→足
胴体→たて髪→尾
右の馬を彫ってから左の馬を彫る。
前後の接点に気をつける

体との接点は
多めに離す

馬の輪郭線…丸針
毛並み…剣先針
装飾具…剣先、極細針

丸針で細かい
線を彫り重ねる
各接点は離す

毛先より内側へ剣先針
で彫り極細針で整える

首を彫ってからたて髪
を外側よりつけ根に向
かって彫る

右の馬のひづめが左の馬のた
て髪につかないようにする。

模様を入れた後に上か
ら線彫りで面を重ねる

ひづめは外
側より線彫
り（剣先針）

極細針で縫い目を
入れる

模様（剣先針）を彫ってから、
布全体面（丸針）を彫る

馬の体の筋肉をより立体感を
出すために体全体を薄めに彫っ
た後により重ね白めにら線
彫りで凸凹彫る

一本一本を彫って
から上よりつや感
を出すため白めに
彫り加える

リーガルベコニア 原寸

カラープロセス／38、39ページ

輪郭線…丸針
花…剣先針
葉…剣先、極細針

グラスは手作りのため全てのサイズが異なりますので各自で図案の大きさを調節する

7.5×7.5×9cm

合い印

葉

① 葉は輪郭線である中心葉脈の下側の葉先から細やかなら線で入れ始める

② 各葉脈の接点を離し葉の付け根に向かいら線彫りを繰り返す

③ 反対の片側を中心葉脈の接点と脇葉脈を平行に離しら線で面彫りを繰り返す

④ 脇葉脈上部はら線を多めに密に入れ、葉先へ向かって少なめにしていき立体感を出す

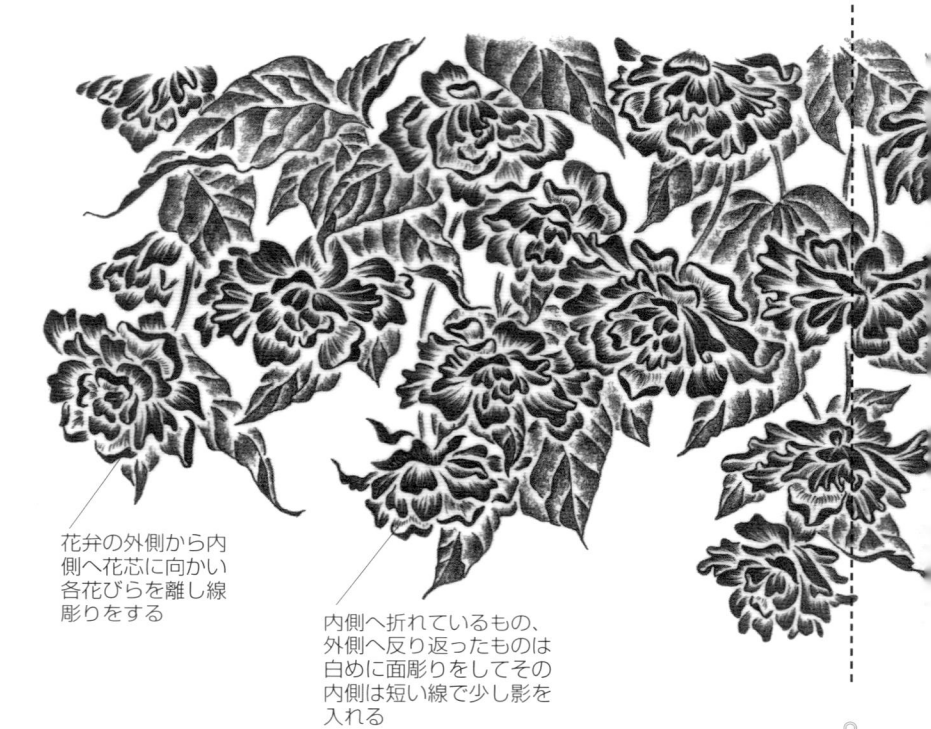

花弁の外側から内側へ花芯に向かい各花びらを離し線彫りをする

内側へ折れているもの、外側へ反り返ったものは白めに面彫りをしてその内側は短い線で少し影を入れる

輪郭線

合い印

茎は縦線に横線を短く加えてから短い縦線を平行に加えて幅を出す

カラー口絵／34ページ
16×16×14㎝

バラのミニワイングラス 原寸

カラー口絵／7ページ

バラは花びらの重なりが美しいので彫った後に隙間があれば花びらを足す
またコの字形に花びらを囲むように彫れば、雰囲気がより出せる

7×7×8cm

輪郭線…丸針
花の中心…極細針
葉…剣先針
茎…剣先針

▼輪郭線を彫る
手前の図案から彫り始めますが、どの図案も各線の接点を離し①、ガラスの器を動かしながら輪郭線を彫り易い方向にして彫ります。

▼面彫り
花びらは細やかな、ら線彫りの重なりで、ふっくらとした厚みを表現し、葉は、短い線彫りの繰り返しで平坦で繊細な表情を出しながら彫っていきます。まず花の中心から、彫り始めます。花芯を簡略な線で彫り②、針を往復して、少しずつ幅を広げ、膨らみのあるカギ形に整えます③。
外側の花びらは花脈の流れを線で入れます④。

▼ら線彫り
細やかなら線で花の縁周りの内側を彫り⑤、花芯に向かいら線彫りで、くし形の花面を入れます⑥。この時、全ての花びら一枚一枚を離して彫ります。

▼線彫り
葉の線彫りを始めます。葉の中心葉脈は葉の先端を少し越えるまで彫ることで⑦、シャープな葉を表現します。中心葉脈の根元は少し幅を広げます⑧。そして各脇葉脈の境の線を中心葉脈に対しハの字形にリード線として彫り⑨、それに添え足すように短い線を彫り加えて、幅を出します⑩。

▼仕上げの彫り
ポイントとなるハイライトや影の部分などは、配置のバランスを考えてパターンを彫り加えて仕上げます。

うさぎのオールドグラスⅠ

カラー口絵／16ページ　原寸

うさぎの胴体は全てら線彫りで、接点は広めに彫り残し、接点は点刻を入れぼかし、再度ら線彫りで自然なグラデーションを出す

輪郭線…丸針
うさぎの毛並み…剣先針
うつぎの木…極細針

彫る順番
①〜⑤うさぎ
⑥野の小花
⑦うつぎの木

合い印

花は一本線を加えてゆき幅を出す

中心葉脈を残す

はかまはら線彫り葉は1本線を少しずつ、根本を太くする

中心葉脈を入れ脇葉脈を彫り残し、葉面は線彫りで入れる

おしべは長めに伸ばし先に花粉部を彫る

花びらの一枚一枚の中心は彫り残す

葉脈を彫り残し一枚一枚を離し面彫り、茎は横線も入れ少しずつ幅を広げる

葉脈を彫り残し、ら線で面彫り

7.5×7.5×9cm

うさぎのオールドグラス II 原寸

カラー口絵／16ページ

7.5×7.5×9cm

輪郭線…丸針、点刻ペン
うさぎの毛並み…剣先針
周りの花…剣先針、極細針

花先（極細針）

花びら一枚一枚を離し中心を高くする（極細針）

葉脈を彫り残しら線彫り（剣先針）

花びら一枚一枚を離す（剣先針）

線彫り（極細針）

中心葉脈を入れV字に線彫り（極細針）

1. 輪郭線を丸針で丁寧に入れる。
2. 各葉面の葉脈は剣先針と極細針を用いて入れる。
3. うさぎは各体のくびれや胴体などの接点を離すようにして、剣先針で細やかなら線で彫り埋める。
4. 菊の葉の中心葉脈と脇葉脈を油性ペンで書きその部分を彫らず各面を細やかに極細針でら線彫りをする。
5. 萩の葉は中心葉脈脇葉脈を極細針で入れ外側から丸針で薄くら線彫りで彫り重ねる。茎は極細針で少し太く彫り重ねる。
6. 萩の花は剣先針でしずく形に彫る。
7. 撫子は縦線を輪郭線と共に平行に炎形に入れ中心部だけ面を入れる。
8. 撫子の葉は図案中心に一本線を入れた上を剣先針で往復して幅を出す。極細針で先を伸ばし整える。
9. 全体の葉先茎などを極細剣で整える。

子ライオン 原寸

カラー口絵／9ページ
図案／88、89ページ

彫る順番
子ライオンの顔
頭(輪郭)→耳(輪郭)→目→鼻→ひげ→口→全体の毛並み
胴体
つめ→つめ周り→腕→体

表葉は輪郭→主葉脈→脇葉脈→各ブロック線を彫った後、各接点を離すようにして細かい線彫りをする

葉の面がかなり細やかなので葉脈を太めに幅を出す（白めに彫る）

各裏葉脈のきわをそれぞれ彫り残す

表と裏の接点を大きく離す

30×15×5cm

茎は縦線に横線を交差する右を白めにして立体感を出すベタに白く彫らない

裏葉面はら線彫りを細やかに彫り重ねる

彫り残す

毛模様は点で輪郭を取った後に周りに細かい毛並みを重ねてぼかしながら全面点線でどんどん重ね足して彫り込んでいく

各体の接点を離す

つめ先をシャープに整える

各つめを毛並みと離す

ひげの周りの毛並みは離す

鼻頭は彫り残す

（子ライオン）
毛並み…剣先針
目・ひげ…極細針
（表葉）
輪郭線・主葉脈…丸針
茎・葉面…剣先針
（裏葉）
葉脈…丸針
葉面…剣先針
葉先…極細針

ライオンの輪郭を彫るときは少し外側へはねている形で点線で彫る
ライオンの毛並みは全体に入れてから、立体感を考えて少しずつ彫り加えていく
毛並みの方向は揃えず、少し交差するように彫ればフワァとした毛並みを表現できる

豊潤 原寸

カラー口絵／15ページ

輪郭線…丸針
実・葉面…剣先針
枝…剣先針
つる…剣先針
蜂…剣先針、極細針

・図案は、トレースしたものを器の内側に当て、外側で写して彫る
・ぶどうは円の外径線を形よく彫ることが難しいので、短い線を左右少しずつ点線でつなぎながら輪郭線を彫っていく
・葉の長い輪郭線を彫るときは、ガラスを動かしながら彫りやすい角度で彫り、手を止める場合は、尖ったところで休む

中心図案

つるはゆっくりと線を彫り入れた方が美しく仕上がる

接点を離す

粒の先端に小さく点を入れ、その周りを少し離す

枝は凸凹感を出すため直線、ら線を繰り返すが彫り過ぎないようにする

表の葉面は葉脈を彫らずに残す

羽は軽さ、透明感を出すため輪郭線と内側の線のみ一回入れ、決して線の往復をしない

葉は一番手前のものから彫る

枝と粒の接点を離す

足はつい太く彫ってしまうので気をつける（極細針）

裏は葉脈を一本入れてから葉先へ向かい、ら線彫りでグラデーションを出すように彫る

手を止めるときは尖ったところで休む

葉の表面はら線彫り
葉脈は彫らない

実を彫るときは粒の輪郭が全部あるものから彫り、周りの粒を足していく
各粒の接点をやや離し、全体をら線彫りで薄めに内面を入れてから、表面に少しずつ白さを加えていき、丸い球の立体感が出るように彫る

実はら線彫り
接点を離し彫る

少し浮かせるように彫る

つるは曲線を一本入れてから垂直線を入れ平行線を加え幅を出す
先は一回だけしか彫らないので気をつけて滑らかに彫る

24×24×11㎝

右図案輪郭線

140％拡大

表の葉と裏の葉をしっかり見極めて彫る

左図案輪郭線

140％拡大

内側に図案を当て外側を彫るので、上から見ると絵柄は図案と反対になる

図案の配置
A＝中心図案
（64ページ参照）
B＝左図案
C＝右図案
上から見た左の写真は、図案の向きと反対になっている

金魚 原寸

カラー口絵
32ページ

輪郭線…剣先針・極細針
頭・胴部(ら線彫り)…極細針、剣先針
尾・ひれ(線彫り)…グミ針、剣先針
うろこ(ら線彫り)…極細針

縦筋を入れてから横にも彫り重ねる

10.5×10.5×1cm

夏

うろこは交互に頭部より尾に向かい半円形を重ねていく

うろこは極細針で一つ一つを離し細やかなら線彫り

目の輪郭は極細針で彫り少しづつ幅を出す

尾はグミ針でなで彫りをしてその上から剣先針で凹凸感を出すために明暗をつけるように線彫りで彫り伸ばす

尾の表と裏の接点を離す

輪郭線は剣先針で彫るうろこの部分だけ短い破線の輪郭線で彫りうろこの重なり感を出す

出目金の頭部は凸部表現のため接点をら線彫りで離す

出目金の目と頭部の接点を離す

尾は縦筋感を出してから横方向にも光を入れ滑らかさを出す

A B C D E F G

ジャスミンの香り 130%拡大

カラー口絵／20ページ

四角プレート 35×35×2cm
ポット 18×12cm 茶碗 10×10cm

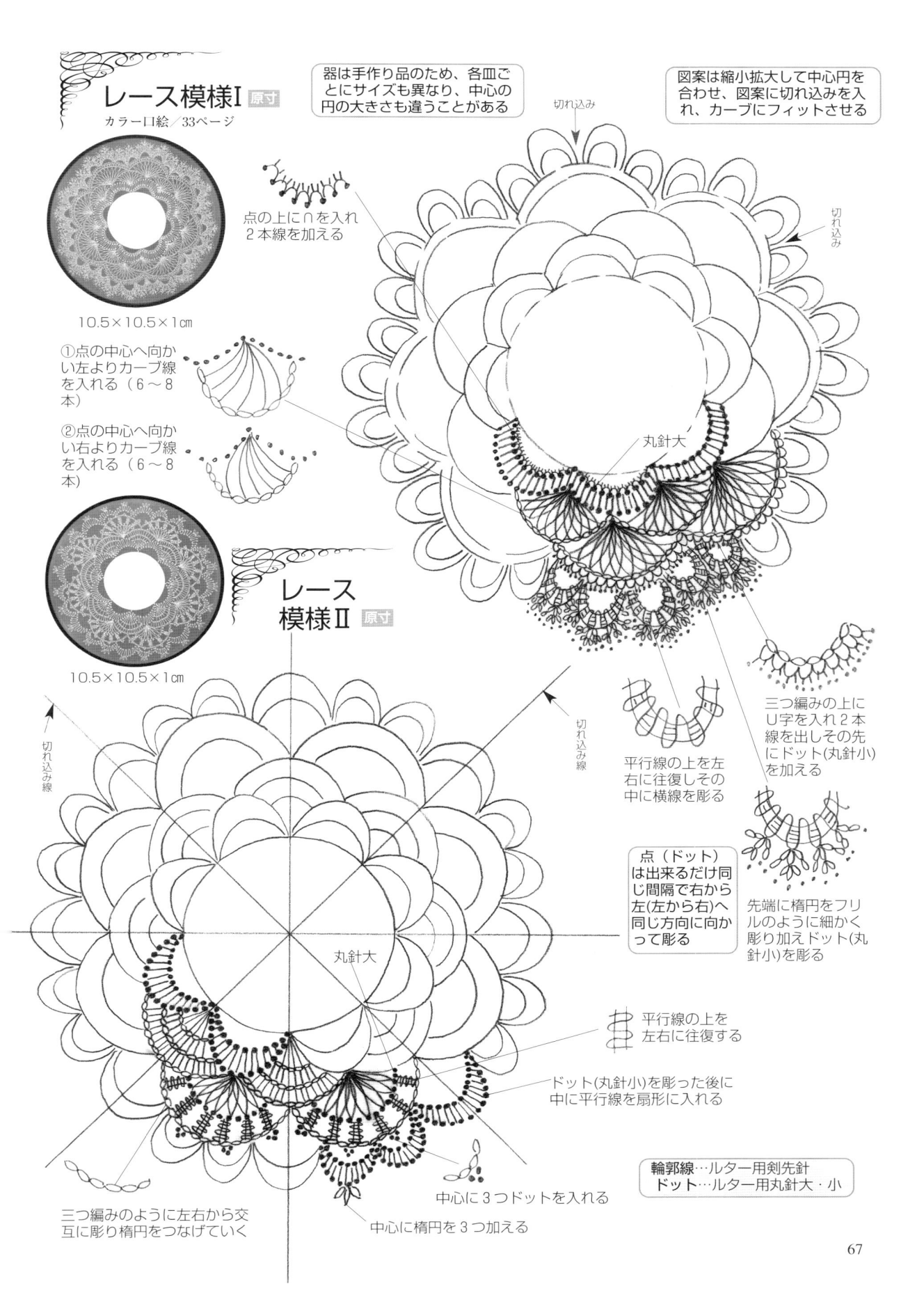

レース模様I 原寸
カラー口絵／33ページ

10.5×10.5×1cm

器は手作り品のため、各皿ごとにサイズも異なり、中心の円の大きさも違うことがある

図案は縮小拡大して中心円を合わせ、図案に切れ込みを入れ、カーブにフィットさせる

切れ込み

切れ込み

点の上に∩を入れ2本線を加える

①点の中心へ向かい左よりカーブ線を入れる（6～8本）

②点の中心へ向かい右よりカーブ線を入れる（6～8本）

丸針大

レース模様II 原寸

10.5×10.5×1cm

切れ込み線

切れ込み線

丸針大

平行線の上を左右に往復しその中に横線を彫る

三つ編みの上にU字を入れ2本線を出しその先にドット(丸針小)を加える

点（ドット）は出来るだけ同じ間隔で右から左(左から右)へ同じ方向に向かって彫る

先端に楕円をフリルのように細かく彫り加えドット(丸針小)を彫る

平行線の上を左右に往復する

ドット(丸針小)を彫った後に中に平行線を扇形に入れる

三つ編みのように左右から交互に彫り楕円をつなげていく

中心に3つドットを入れる

中心に楕円を3つ加える

輪郭線…ルター用剣先針
ドット…ルター用丸針大・小

トーシューズ

カラー口絵／32ページ 原寸

10.5×10.5×1㎝

①輪郭線を全部剣先針で彫る。
②リボンの内側をグミ針で丁寧にはみ出さないようになでる。
③リボンの内側を各折り返し部分を離し線彫りで彫り伸ばし面彫りをする。
④その上を再度グミ針で整える。カーブのある面は上から彫り足して艶感を出す。
⑤シューズ本体をら線で丸針を使い面彫りをする。各縫い目の接点を離すように気をつける。
⑥シューズ本体のら線彫りの上から極細針でより細かなら線彫りになるように少しアワ感を残し重ね彫りをする。
⑦シューズの内側を点刻針で少しづつ影を入れる。入れ過ぎないように注意する。
⑧全体の図案の中でシャープにしたいリボンの先、折り返し部、トーシューズの縫い目部などを極細針で整える。

輪郭線…剣先針
リボン…グミ針、剣先針
シューズ…丸針、極細針
シューズの内側…点刻針

内側を点刻針で打つ

トーシューズトップの部分はら線を少しだけ入れる

折り返し部を離す

点刻ペン

カーブに多少の彫り重ねを入れ艶感を出す

縫い目がわかるように離す

アンティークシューズ

カラー口絵／33ページ
70%に縮小

※元図案が細かいため、拡大図案を掲載してあります。

- 靴の飾りやベルトなど靴本体上部についているものから必ず彫る
- 各接点を離す

輪郭線…剣先針
靴本体…丸針（細かいら線）
フリンジ・レース・ボタン・ドット…極細針
靴の内側…点刻ペン

10.5×10.5×1cm

A 彫り順
①リボン・フリンジ ②ベルト ③フリル ④靴本体 ⑤カカト ⑥内側

B 彫り順
①靴ひも・フリンジ ②トリミング ③靴入り口・トリミングレース ④靴本体 ⑤カカト

C 彫り順
①ベルト ②甲かざり ③本体ボタン・トリミング ④靴入り口レース ⑤靴本体カカト・接続点飾り ⑥靴本体全平面 ⑦カカト

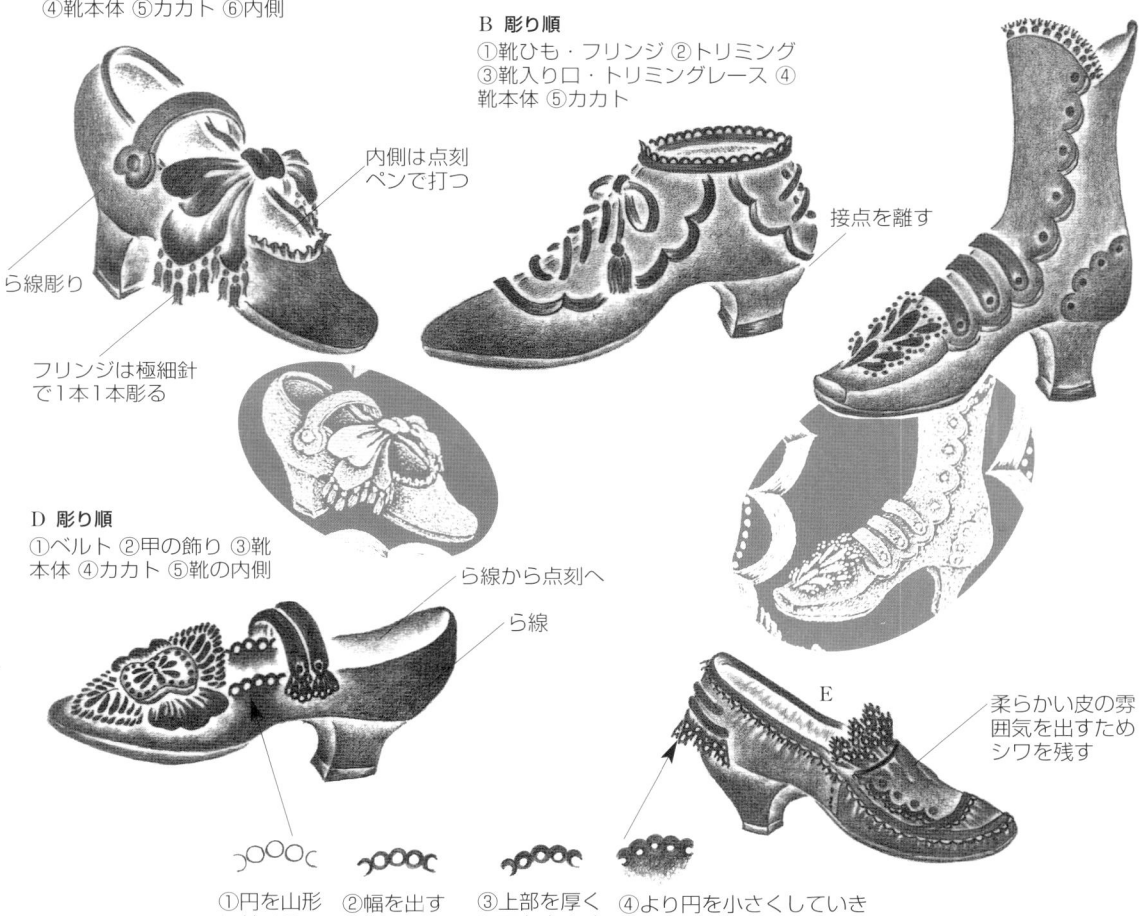

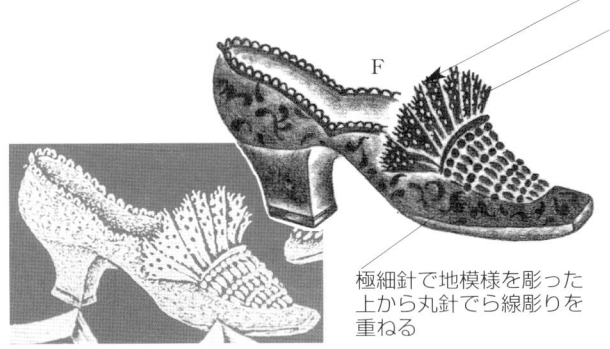

D 彫り順
①ベルト ②甲の飾り ③靴本体 ④カカト ⑤靴の内側

- ら線彫り
- 内側は点刻ペンで打つ
- フリンジは極細針で1本1本彫る
- 接点を離す
- ら線から点刻へ
- ら線
- 柔らかい皮の雰囲気を出すためシワを残す

①円を山形に並べる（極細針）
②幅を出す
③上部を厚くし円を小さくしていく
④より円を小さくしていき下へら線で少しずつグラデーションを出して彫る

F

極細針で1本1本のレースのホツレを入れる

極細針で地模様を彫った上から丸針でら線彫りを重ねる

G

フリルは凸面を彫る

靴裏底部と靴本体は離す

マーガレットのミニワイングラス 原寸

カラー口絵／25ページ

花びらの輪郭線…丸針
花びら…剣先針
花芯…点刻ペン
ガク…剣先針、極細針

7×7×8cm

① ② ③

①丸針で花びらの輪郭線を彫る。花びらの一枚一枚を必ず離すように気をつける。
②花びらの花脈の流れを入れる（剣先針）。
③花面を線彫りで埋める。
④花芯の上部輪郭をてん刻ペンで打ち上部より下部を全体に入れ上部のみ打ち足して膨らみ感を出す。

桜のミニワイングラス 原寸

カラー口絵／6ページ

花びら…剣先針
茎…極細針
めしべ…ルーター用丸針大
めしべの軸…極細針
おしべ…ルーター用丸針小
おしべの軸…極細針
ガク…剣先針

彫り順（正面）
①めしべ ②めしべの軸
③おしべ ④おしべの軸
⑤花びら折り返し部分
⑥花びら全体

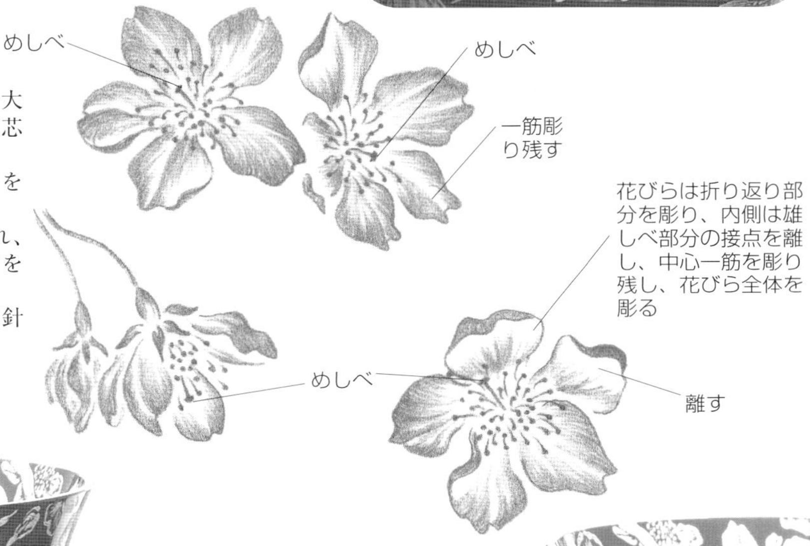

7×7×8cm

①めしべの先端をルーター用丸針大で大きめに入れ、極細針で軸を花芯に向かい一本入れる。
②おしべを多数、花芯に入れ、軸を入れる（極細針）。
③花びらの輪郭線を剣先針で入れ、中心を一筋彫り残し、線彫りで面を入れる。
④ガクを剣先針で入れ、軸を極細針で彫る。

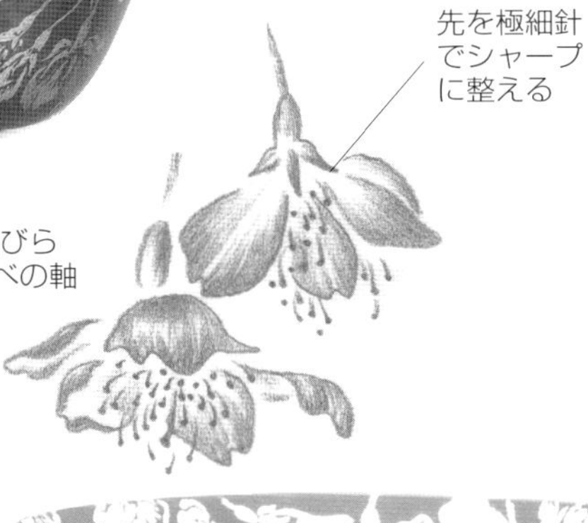

めしべ

めしべ

一筋彫り残す

花びらは折り返り部分を彫り、内側は雄しべ部分の接点を離し、中心一筋を彫り残し、花びら全体を彫る

めしべ

離す

彫り順（脇側）
①茎 ②ガク ③花びら
④おしべ ⑤おしべの軸

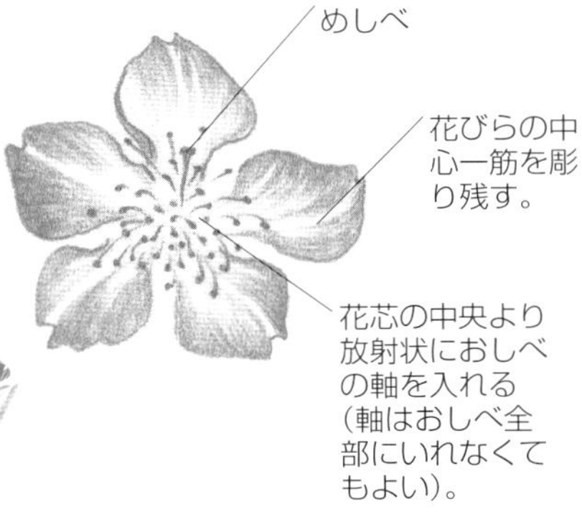

先を極細針でシャープに整える

めしべ

花びらの中心一筋を彫り残す。

花芯の中央より放射状におしべの軸を入れる（軸はおしべ全部にいれなくてもよい）。

つるバラのオールドグラス 原寸
カラー口絵／34ページ

輪郭線…剣先針
花びら…剣先針、極細針
葉…剣先針、極細針

各花弁は接点を離す

7.5×7.5×9cm

① 輪郭線を剣先針で彫る。
② 各花びらを花芯へ向かうように剣先針で面彫りをする。
③ 折り返りや反り返りの部分の花びらは極細針で彫り埋める。
④ 折り返りの内側は極細針で花脈内側に少し細やかな短線を入れる。
⑤ 葉は中心葉脈を入れ片側を剣先針で埋め、反対側は中心を離し極細針で彫る。

合い印

輪郭線

合い印

花芯のおしべはルーターの丸針小を使用

折り返りや反り返りの部分は極細針で彫る

葉先を極細針でシャープに整える

合い印

73

水仙のオールドグラス 原寸

カラー口絵／14ページ

輪郭線…剣先針
つる葉・花芯・はかま…極細針
花びら…極細針、剣先針

①水仙の花と葉は輪郭線を剣先針で彫る。
②葉は縦葉脈を残すつもりで筋感を残す。
③花は中心の花芯を極細針で入れ、周り6枚の花びらの中心を一筋彫らずに残し、花面を線彫りで埋める。
④葉と花の接点を全て離し前後感を出す。
⑤茎は縦線に交差する横線を入れる。
⑥各はかまは極細針で細やかなら線彫りを入れる。

合い印

図案上部から下がるつる葉は極細針で入れる
輪郭線を入れ面彫りをする
中心葉脈を残す

葉と花の接点を全て離し前後感を出す

花芯は極細針

はかまは極細針で細やかなら線彫り

白つめ草はハート形の輪郭線を入れ、中心葉脈を彫り残す
葉のふを八の字に彫り残す（極細針）
葉の数は一枚から四枚まで取り混ぜる

7.5×7.5×9㎝

合い印

花びらの中心の一筋を彫らずに残し花面を線彫り

れんげは各花びらを極細針で一本線を入れ、少しずつ幅を出し、接点を離す
茎は一本線を彫り、根元を少し太めに彫る

二人の天使 原寸
カラー口絵／12ページ

8×8×20cm

髪…極細針
顔…極細針、剣先針
手…極細針、剣先針
袖…剣先針、丸針、グミ針
上身ごろ…グミ針、剣先針
スカート…グミ針、丸針、剣先針
羽…グミ針、剣先針

彫り順（正面の天使）
①髪 ②顔 ③手 ④袖 ⑤上身ごろ ⑥スカート ⑦羽

髪はウエーブごとに彫り一本一本を入れていく（線彫りする）
カーブの強いところは上から白めに光を入れる（艶感を出す）

顔は鼻と額から彫る（凸面）
髪との接点はグミ針を入れたのちにら線彫りでぼかしながら 顔周りをグラデーションになるように彫る
口を大きめに外径線を入れ少しずつバランスを取りながら小さくしていく
まつげは大きくジグザグに彫り残しまつげ1本1本の間にほみより線彫りを入れ離していく
まぶたの二重線を彫り残しておく

羽のつけ根はら線彫りと点刻でぼかす
羽はグミ針でなでてから剣先針で羽先より根元へ向かい白めに彫り各羽の接点を離す

袖口は凸部を線彫りで彫り凹部を彫り残す
袖は丸針で輪郭線を入れた後、グミ針で全体にぼかしを入れ細やかなら線彫りで凸面は白めに彫り加え立体感を出す

スカートは2ヶ所の中心へ向かい外側よりら線彫りで接点を離し立体感を出すように彫り加えていく

中心と中心の間は凹部で薄くら線彫り

・手足は骨の筋感を意識して肉づけしていくように、剣先針でら線で彫る
・指と指の接点を離す
・指は輪郭（極細針）のみで内面を彫らない

中心　中心　スカート中心

髪・目・口・まつげ・ベルト・手の爪・クローバー…極細針
顔面・手足…剣先針
洋服…丸針
羽…剣先針、グミ針、点刻針

彫り順（正面の天使）
①髪 ②顔 ③クローバー ④手 ⑤袖
⑥衿 ⑦羽先 ⑧羽の根元 ⑨ベルト ⑩洋服 ⑪手足

目、まつげ、眉、口は彫り残し顔面を白く細かい線で彫る

中心葉脈を離すハの字に、彫り残す

茎は縦と横の交差線の後縦に光を入れる（極細針）

髪は一本一本流れに従い彫り、ウェーブの強い所と毛先を白めに彫り足す（極細針）

ら線を彫り、点刻針でぼかす

グミでなでてから羽先より根元に向かい一羽一羽を彫る（剣先針）

一粒一粒逆ハの字に彫る（極細針）
タッセル部分は一本一本を彫り上より影を彫り足す（極細＋丸針）

ギャザーは上から下まで入れず途中で止まりフワッとした雰囲気に彫る

スカートの中心のひだに向かい外側より内側へ自然なグラデーションが出るよう細やかなら線で彫る（丸針）

洋服はひだの凸面を多めに細やかなら線を入れ凹面は彫り残す

・顔は髪の毛を彫った後に彫るが、接点を多めに離すようにする
・目、眉は大きめに輪郭を取り少しずつ小さくしていきバランスを取る
・眉と目の間は彫っていくうちに離れがちになるので出来るだけ間隔を開けないよう注意する

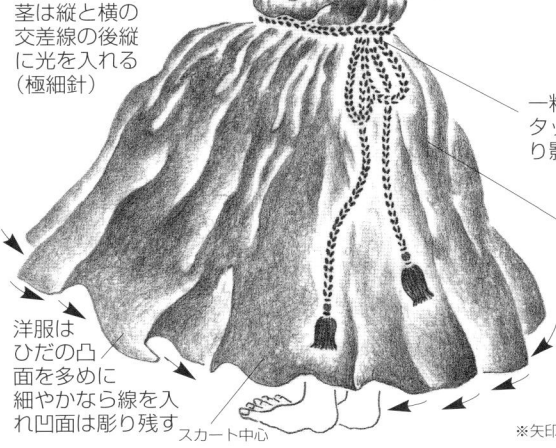

※矢印は濃くから薄くへと、彫り進む方向を表しています。

ペーズリー模様 原寸
カラー口絵／23ページ

24.5×24.5×12cm

- ガラスを出来るだけ動かして逆手などで彫らないようにする
- 長い曲線をつないで彫るときは線を重ねないように少し離す気持ちでつないでいく
- ルーターで彫るドットを同一の大きさに入れたいときは針を入れる秒数を各ドット同じにする

輪郭線…ルーター用剣先針
ドット…ルーター用丸針大・
　　　　ルーター用丸針小
面………ルーター用丸針小

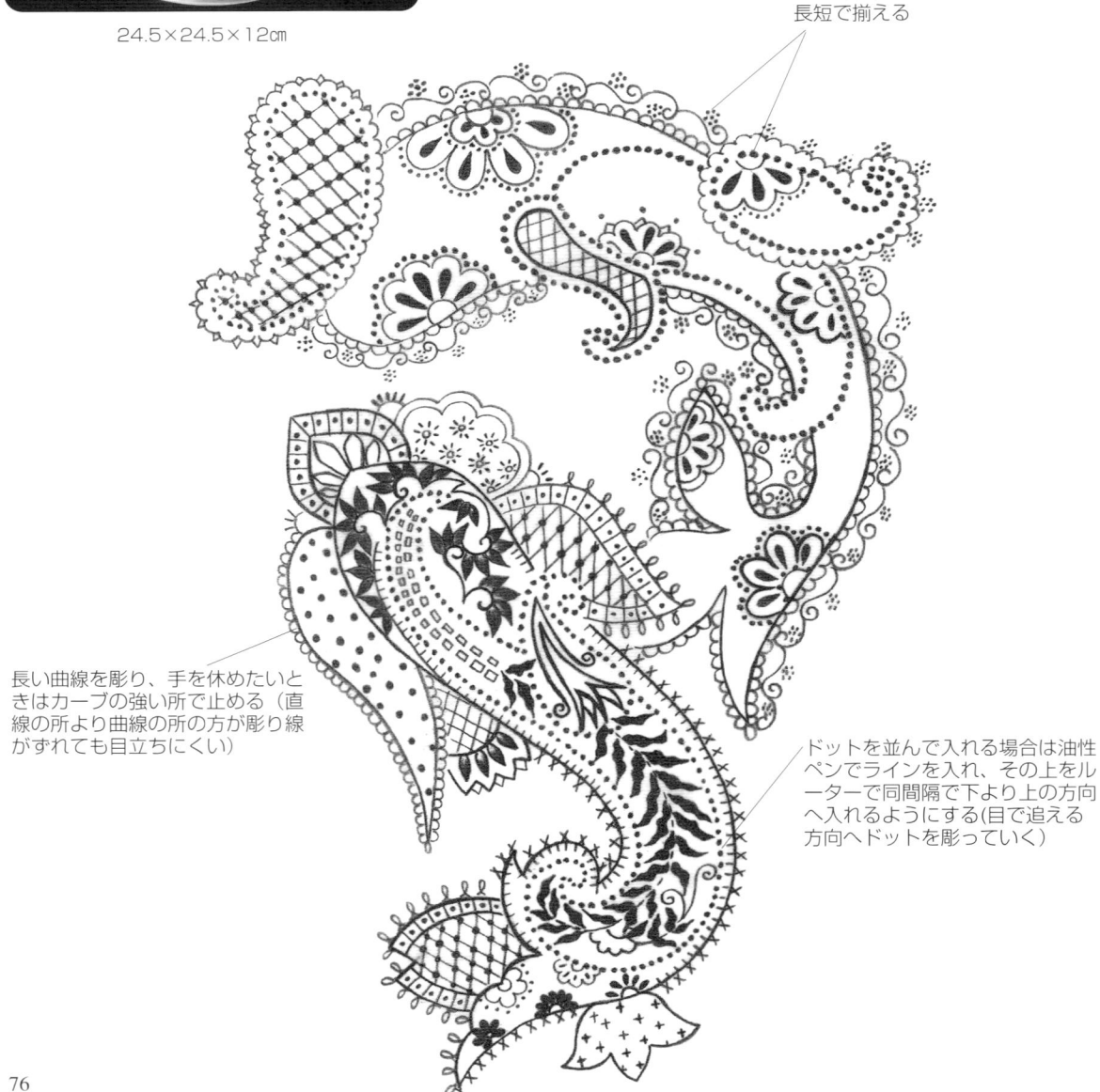

小さいドットと大きいドットを入れる時は針の交換か入れる秒数の長短で揃える

長い曲線を彫り、手を休めたいときはカーブの強い所で止める（直線の所より曲線の所の方が彫り線がずれても目立ちにくい）

ドットを並んで入れる場合は油性ペンでラインを入れ、その上をルーターで同間隔で下より上の方向へ入れるようにする(目で追える方向へドットを彫っていく)

80%に縮小

剣先針で輪郭線を入れ、ら線彫りで埋めていき、上から縦線を細やかに重ねて、滑らかに仕上げる 各接点を離す

細かい糸目のほつれ線は半円の中心より外側へ向かい二本づつ入れる

線の幅を広げるときは剣先針を少しずつ往復しながら同一の線の上を彫り重ねる

中心より図案を入れ、左右に広げていく

左右対称の図案を入れるときは左右交互に入れた方がよい

70%に縮小

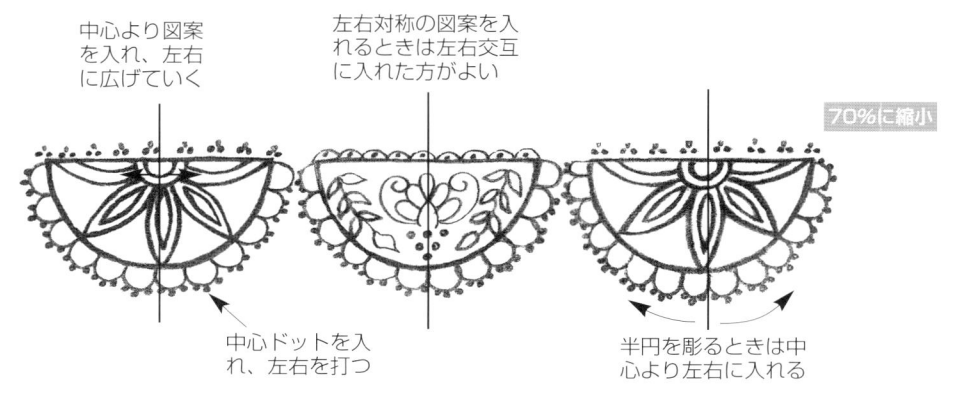

中心ドットを入れ、左右を打つ

半円を彫るときは中心より左右に入れる

アンティークレース
カラー口絵／40ページ
原寸

輪郭線…丸針、剣先針
レース…極細針、ルーター用剣先針
ドット…ルーター用丸針小

・曲線を長い距離で彫る場合に線の途切れた場合、新たに彫り始めるときは線を重ねず、少し離して始めた方が良い
・細かく繰り返しのある図案を彫るときはルターを使用して彫る方が比較的、楽に彫れる
・手が慣れず心配なときは、外径線を手彫りで彫ると安心である

90×38㎝

合い印
◎

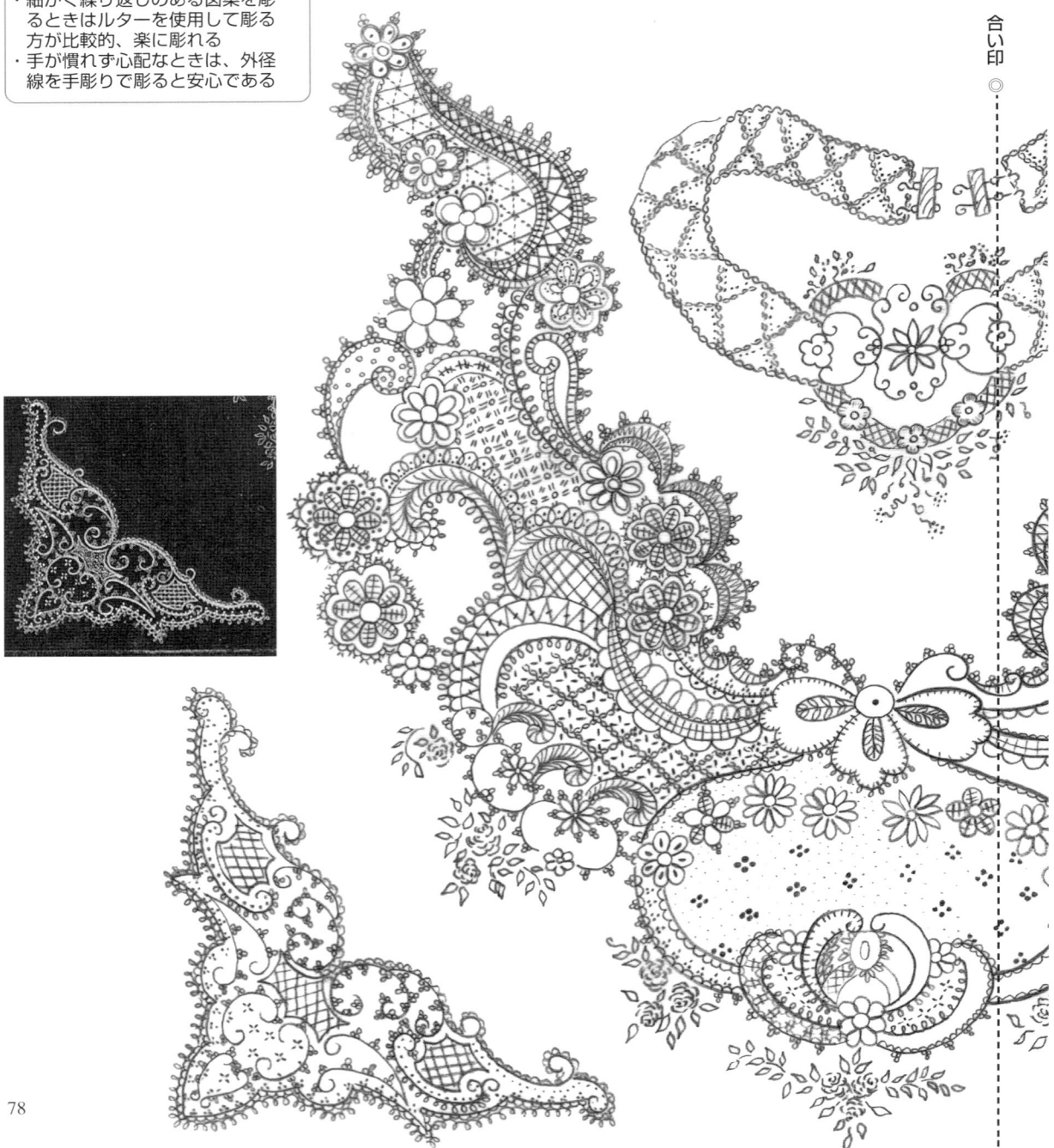

- 各線は曲線、直線、ドットなどあらゆる方向で彫るため、手が逆手などになりやすいので、出来るだけガラスを動かし無理のない姿勢で彫る
- あまり正確にピタッとした線で彫ってしまうと立体感のないものになるので、フワッとラフに彫る
- 曲線が多い図案のため彫るときは破線をつなぐようにして彫り、長い線を一気に彫らない
- 多少線が乱れても手編みのアンティークなデザインなので上から二重に直さないようにする
- 図案はガラスに油性極細ペンで、彫る反対面に写すので、出来るだけ大まかなラインのリード線にしておく
- デザインを目で、それぞれ確かめながら鎖編みにしたり、クロスしたり、三角を入れたり、バランスを調節して彫っていく

合い印
◎

ラフに彫ったほうが自然なアンティークレースのグローブに見える

レースの編み目はあまりきっちりとした枡目にしない。細やかに見えるが少しラフに彫る方がよい

輪郭線は一気に彫らずに長い破線で、少し離すようにして彫る

ヨーロピアンキータッセル 原寸

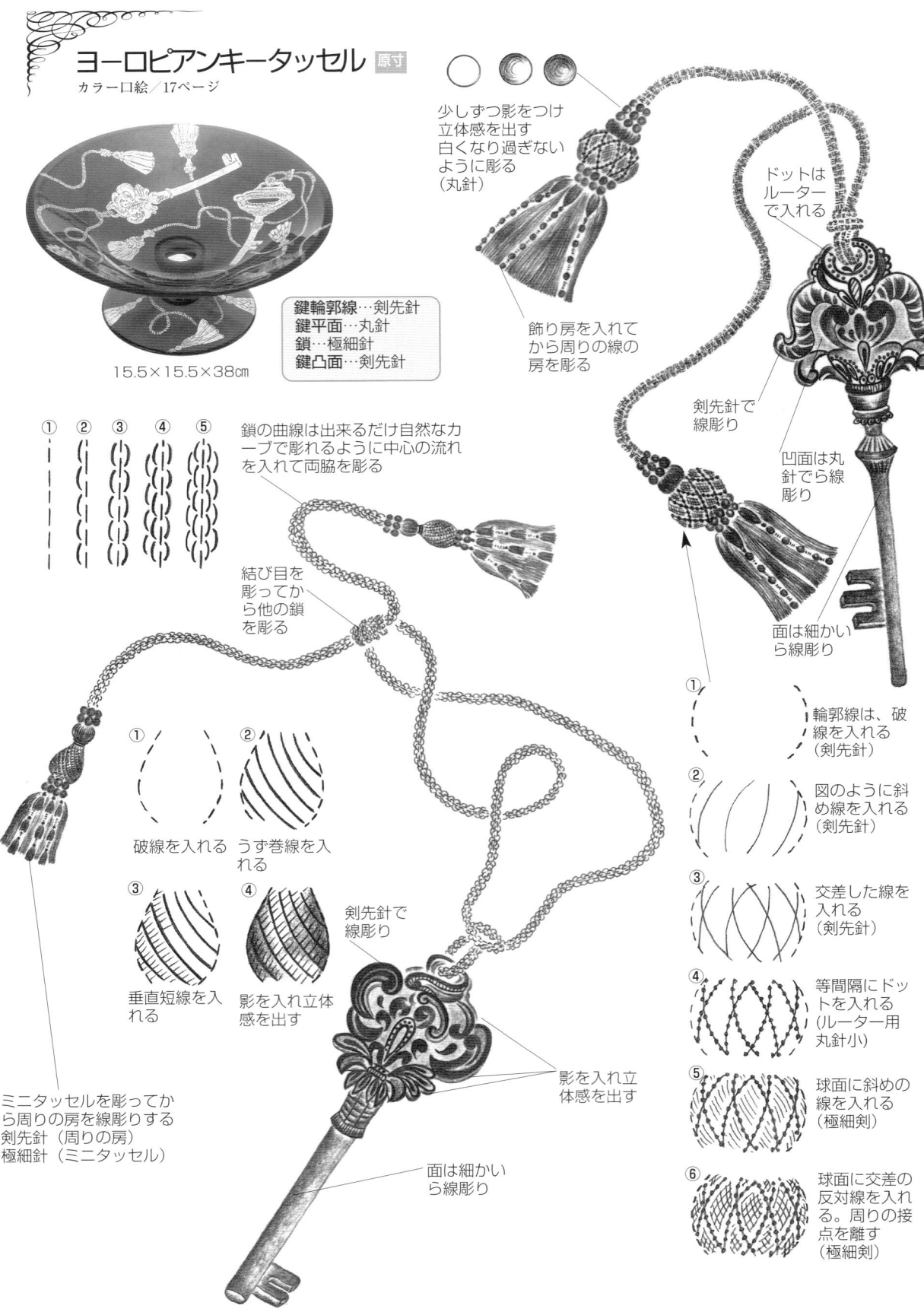

カラー口絵／17ページ

15.5×15.5×38cm

鍵輪郭線…剣先針
鍵平面…丸針
鎖…極細針
鍵凸面…剣先針

少しずつ影をつけ立体感を出す 白くなり過ぎないように彫る（丸針）

ドットはルーターで入れる

飾り房を入れてから周りの線の房を彫る

剣先針で線彫り

凹面は丸針でら線彫り

面は細かいら線彫り

鎖の曲線は出来るだけ自然なカーブで彫れるように中心の流れを入れて両脇を彫る

結び目を彫ってから他の鎖を彫る

① 破線を入れる
② うず巻線を入れる
③ 垂直短線を入れる
④ 影を入れ立体感を出す

剣先針で線彫り

影を入れ立体感を出す

面は細かいら線彫り

ミニタッセルを彫ってから周りの房を線彫りする
剣先針（周りの房）
極細針（ミニタッセル）

① 輪郭線は、破線を入れる（剣先針）
② 図のように斜め線を入れる（剣先針）
③ 交差した線を入れる（剣先針）
④ 等間隔にドットを入れる（ルーター用丸針小）
⑤ 球面に斜めの線を入れる（極細剣）
⑥ 球面に交差の反対線を入れる。周りの接点を離す（極細剣）

千夜一夜物語

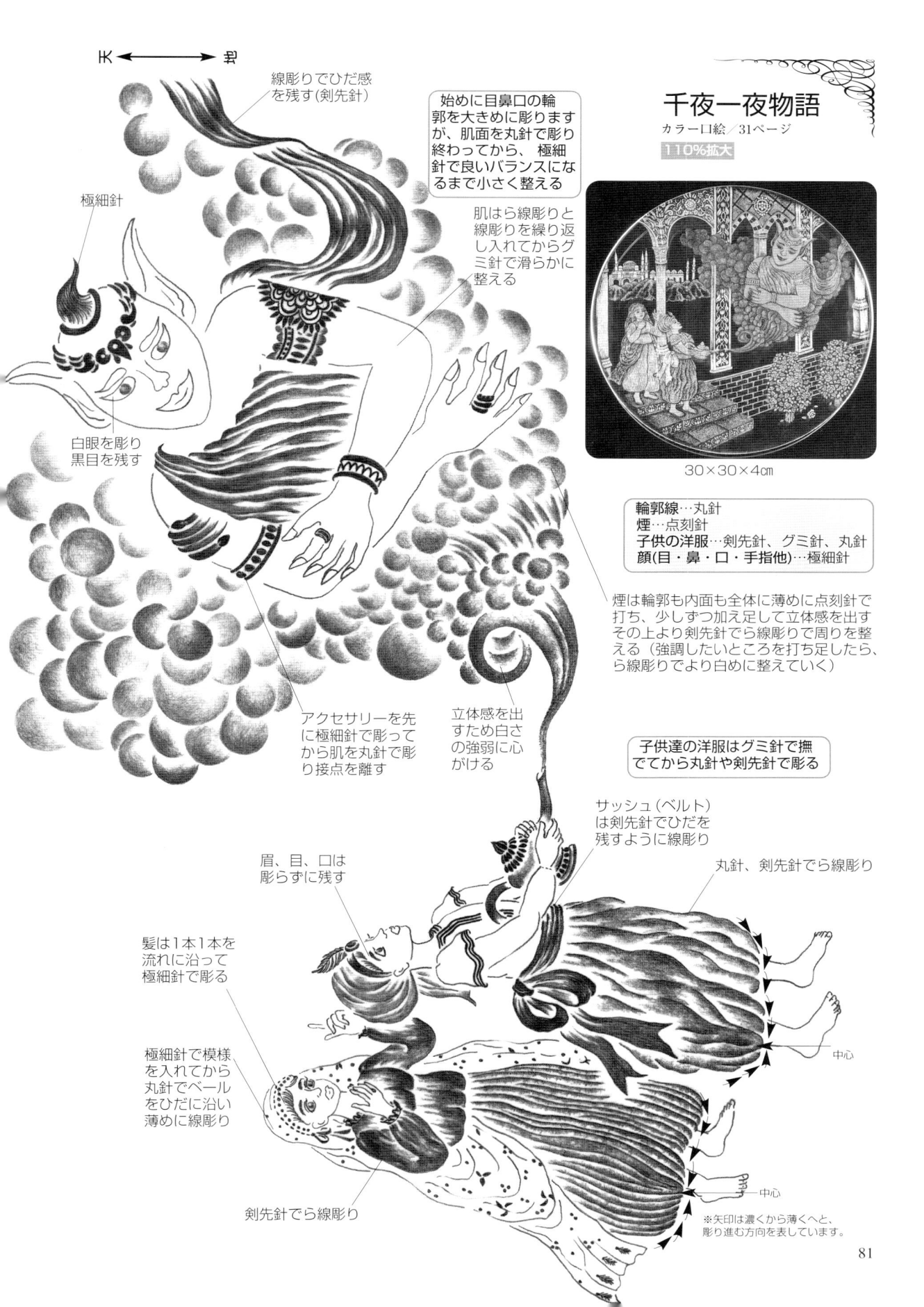

カラー口絵／31ページ

110％拡大

$30×30×4cm$

```
輪郭線…丸針
煙…点刻針
子供の洋服…剣先針、グミ針、丸針
顔（目・鼻・口・手指他）…極細針
```

煙は輪郭も内面も全体に薄めに点刻針で打ち、少しずつ加え足して立体感を出すその上より剣先針でら線彫りで周りを整える（強調したいところを打ち足したら、ら線彫りでより白めに整えていく）

子供達の洋服はグミ針で撫でてから丸針や剣先針で彫る

- 線彫りでひだ感を残す（剣先針）
- 始めに目鼻口の輪郭を大きめに彫りますが、肌面を丸針で彫り終わってから、極細針で良いバランスになるまで小さく整える
- 肌はら線彫りと線彫りを繰り返し入れてからグミ針で滑らかに整える
- 極細針
- 白眼を彫り黒目を残す
- アクセサリーを先に極細針で彫ってから肌を丸針で彫り接点を離す
- 立体感を出すため白さの強弱に心がける
- 眉、目、口は彫らずに残す
- 髪は1本1本を流れに沿って極細針で彫る
- 極細針で模様を入れてから丸針でベールをひだに沿い薄めに線彫り
- 剣先針でら線彫り
- サッシュ（ベルト）は剣先針でひだを残すように線彫り
- 丸針、剣先針でら線彫り
- 中心
- 中心

※矢印は濃くから薄くへと、彫り進む方向を表しています。

雨ガエル 原寸

カラー口絵／9ページ

雨ガエルが葉の上に乗っている様子を表現するには、必ずカエルと葉の接点を彫らない空間を作ること

輪郭線…丸針
カエル…丸針、剣先針、極細針
葉…剣先針、グミ針

15×25×5㎝

表図案

吸盤の円を先に彫り指を足のつけ根の方向に伸ばし彫る（極細針）

グミ針で葉面をなでる
葉脈を剣先針で入れ、平行に各接点を離し葉面を線彫りで入れ光を入れ足して艶を出す

グミ針で面をなでてから葉面を重ねて彫ると針を入れやすくなる

葉の先は剣先針で整える

目の輪郭は極細針で幅を出す
目の周りの肌との接点を離す

細かいら線彫りで面を入れる
足などの接点を離す
（丸針）

彫り残す

裏図案 原寸
表図案と少し重なる

表・裏図案の輪郭線
実線…表図案
破線…裏図案

守宮(やもり) 原寸

カラー口絵／9ページ

```
やもりの輪郭線…丸針
肌面…点刻針
葉の輪郭線…剣先針
葉面…丸針・剣先針
```

表図案

裏図案 原寸

点刻は少しずつ小さな点を入れていく 濃い所は強く打つのではなく、数多く入れていくという考えで彫る

葉は中心葉脈、脇葉脈をサインペンで描いてその部分を彫らないで葉面のみをら線彫りで入れる

肌は全て点刻針で打つ 背中は多めに打ち腹部は少なめに打つ

やもりは葉の上に乗っている接点を多めに離す

頭部、胴体、足部全ての接点を離し少なめに、薄めに打ってから、より立体感を出すために凸部を打ち足していく

葉の前後感を出すために下の葉は離し薄めに、そして接点に近づくにつれてグラデーションになるように打つ

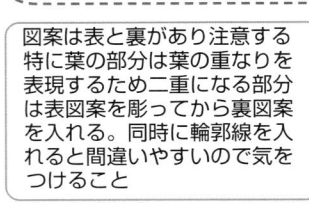

図案は表と裏があり注意する 特に葉の部分は葉の重なりを表現するため二重になる部分は表図案を彫ってから裏図案を入れる。同時に輪郭線を入れると間違いやすいので気をつけること

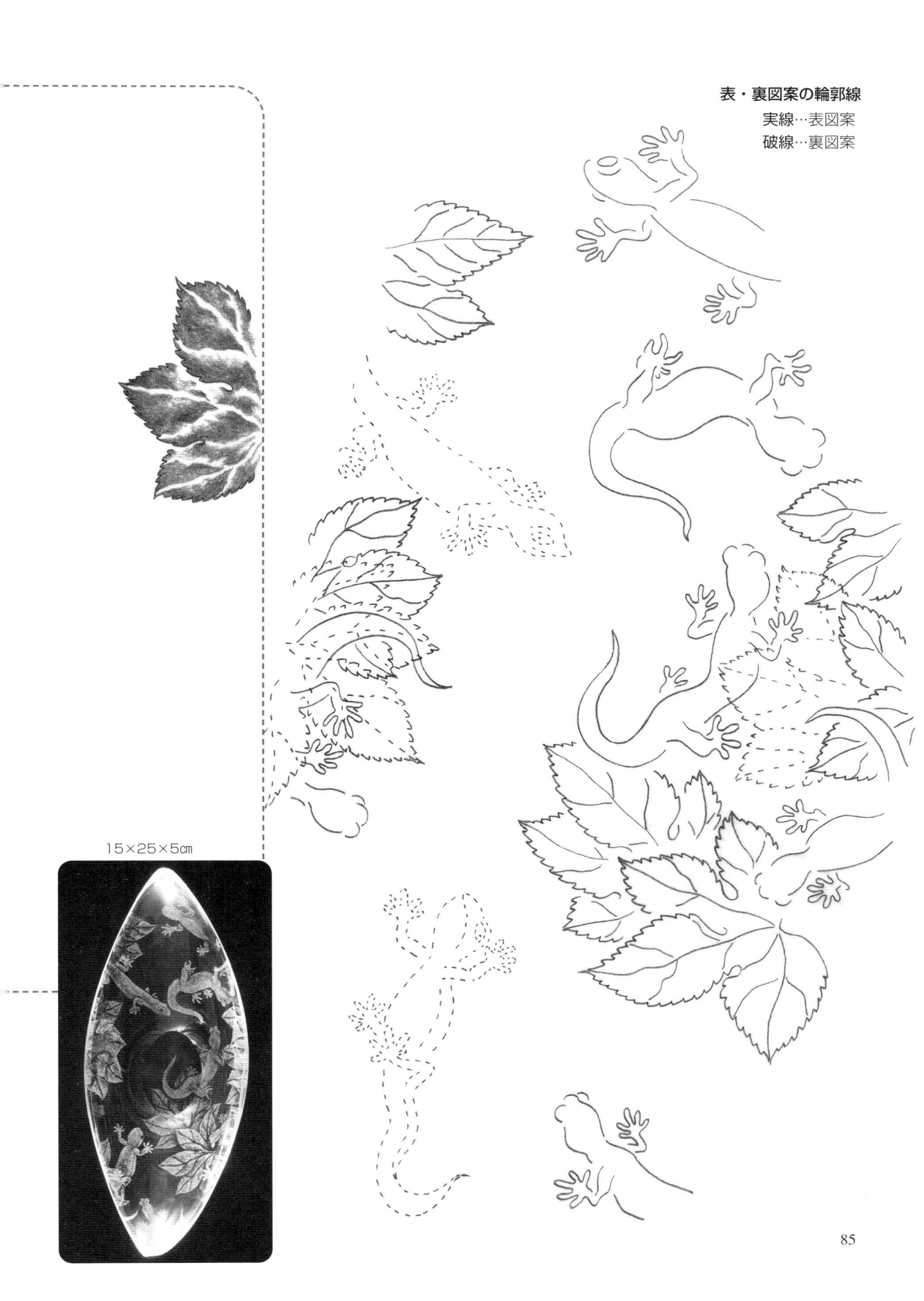

表・裏図案の輪郭線
実線…表図案
破線…裏図案

15×25×5㎝

シダとアジアンタム

カラー口絵／8ページ　図案／90、91ページ

シダ

```
輪郭線…剣先針
茎…剣先針
葉先…極細針
葉面…剣先針
```

- 斑(むら)がある彫り方のほうがおもしろい仕上がりになります。
- 葉の重なりのあるところは上の葉と下の葉を離します。
- 均一の白さにしないで、葉のトーンが違う方が自然感が出ます。
- 真っ白に彫らず所々で明暗があった方が葉の薄さが出るため、何度も埋めるように彫らないようにします。
- 葉先から茎のつけ根に向かって彫ります。
- 縦線と横線との交差線で茎感を出し一部に面をら線彫りで、白くなり過ぎないように入れます。
- 茎は先から根元まで通さず途中に葉でさえぎっているほうが立体的に見えます。

アジアンタム

```
輪郭線…丸針
葉面…グミ、剣先針、丸針
茎…剣先針
```

- アジアンタムは葉がとても薄いので軽さを出すために、グミ針で滑らかに整えることが大切です。
- あまり強く彫らずに"シダ"と対比させることが大切です。
- 涼やかさを出します。
- 茎は剣先針で一本線を入れた線に垂直に横線を細やかに入れた後に幅を出すために縦線を添えます。
- 葉の輪郭線を丸針で一枚一枚の重なりを離し彫ります。
- 葉の輪郭を彫ってから茎を一本線で剣先針で入れます。
- 葉面をグミ針でなでてから葉の縁の輪郭線内側を丸針でら線で彫ってから剣先針で葉のつけ根の茎に向かい縦筋線を入れます。その上から再度グミ針で滑らかに整えます。そしてまた縦筋を入れグミ針で整えます。

イニシャル

カラー口絵／34、35ページ
プロセス／46、47ページ
図案／94、95ページ

| 輪郭線…剣先針 |
| 文字面…丸針、剣先針 |
| 先端…極細針 |

・イニシャルは広い面、長い曲線と直線の組み合わせで彫りますので線や面の流れが滑らかであることが大切です。
・全体のバランスを考えメリハリに気をつけて彫りましょう。
・輪郭線を剣先針で彫ります。
・文字の角度や幅が変わりやすいのでガラスを常に動かし自然な姿勢を保ち、直線とら線を重ねながら白めに文字面を彫っていきます(丸針、剣先針)。
・仕上げにグミ針で滑らかになるように彫り重ねシャープなところ(先端)は極細針で整えます。そして立体感を出すために影を入れていきます。
・文字(イニシャル)の主に右側と下方に短い線をつなぎながらほぼ平行に2mm～5mmの幅で加えます(極細針)。
・幅が広くカーブの強いところは影も広めで白めに仕上げるとより立体感が出ます。

イニシャル側面の模様

カラー口絵／34、35ページ
プロセス／46、47ページ　図案／92、93ページ

立体感を出すために基本的には図案の右側と下に一線を加える。
左右対称の部分はバランスをとるため両側に一線を加える場合もある

| 輪郭線…剣先針 |
| 葉…剣先針、丸針 |
| 茎…極細針 |

面彫り
ら線彫り

・左右対称のデザインを同一の形に彫るには、輪郭線を図案より少し内側に彫り、バランスを取りながら交互に大きさを揃えていきます。

放射線状に花弁を彫るときは一本線を12時、3時、9時の方向に入れてから、間に二本線を入れて等間隔を保ち、しずく形に広げる

87

うさぎのオールドグラスⅡ

カラー口絵／16ページ
図案／92、93ページ

うさぎの輪郭線…丸針
うさぎの体…丸針、点刻ペン
萩・ススキ…剣先針、極細針
月・雲…剣先針、点刻ペン

ススキの葉は極細針で多めに入れる

・萩を彫ってから、後ろのススキを彫ります。
・ススキの葉は接点ギリギリに多めに入れます。
・ススキの後方の葉は重なりを出すため、所々一本線で入れます。
・月にかかる雲を彫るときは、雲の流れを剣先針で線彫りして、月の周りをら線彫りで光りを広げていき、点刻針でグラデーションを出します。

花びらの一枚一枚を離して彫る

子ライオン・表図案

カラー口絵／9ページ　図案／63、89ページ

表図案の葉と裏図案の葉はかなり重ねておく。
子ライオンが葉陰にいる様子で彫る

表葉
　輪郭線・主葉脈…丸針
　茎・葉面…剣先針
裏葉
　葉脈…丸針
　葉面…剣先針
　葉先…極細針

・木陰で休んでいる様子を出すため、葉の図案を深めに重ねます。
・表の葉を白めに彫り、前後感を出します。
・葉脈は太めに白く幅を出し、葉面との差を出します。

子ライオン・表図案

カラー口絵／9ページ
図案／63ページ　解説　88ページ

130%拡大

30×15×5cm

アジアンタム

110%拡大　カラー口絵／8ページ　解説／86ページ

30×30×3cm

シダ 140%拡大　カラー口絵／8ページ　解説／86ページ

うさぎのオールドーグラス II

原寸　カラー口絵／16ページ　解説／88ページ

7.5×7.5×9cm

合い印

イニシャル側面の模様

カラー口絵／34、35ページ
プロセス／46、47ページ
解説／87ページ

原寸

中心にイニシャルを入れる

合い印 ◎

7.5×7.5×9cm

アルファベット 原寸 カラー口絵／34、35ページ　プロセス／46、47ページ　解説／87ページ

A B C D E F G H I J K L M N

O P Q
R S T
U V W
X Y Z

著者紹介

グラスリッツェンフィールド協会主宰
北海道生まれ
東京都目黒区在住
小学館美術編集部を経て、アメリカンクラブ、各国大使館関係在日外国人工芸指導
産経学園グループ、NHK文化センター、日本橋三越カルチャーサロン、コミュニティクラブたまがわ他多数グラスリッツェン指導監修
東急デパート本店、恵比寿ガーデンプレイス、京都智恩院別院、京都長楽館、紀尾井町松田ホール他多数作品展主催
国立科学博物館ダイヤモンド展、ビックサイトホビーショー、韓国現代百貨店ソウル貿易センター店、横浜山手西洋館他多数作品展示
2007年12月6日～12月11日　二子玉川高島屋ルーフギャラリーにて展示会予定

http://www.sweet-glasritzen.jp/

井上裕子（いのうえゆうこ）

グラスリッツェンフィールド協会教室一覧

グラスリッツェンフィールド協会本部	03-3718-0486	ヴィシーズ　三郷店	048-949-5631
自由ヶ丘　産経学園	03-3718-4660	ヴィシーズ　新習志野店	047-408-2731
銀　座　産経学園	03-3571-6662	ヴィシーズ　長津田店	045-988-6331
横　浜　産経学園	045-311-4461	ガーデンスタジオ　エヴォルブ	047-426-1078
新　宿　産経学園	03-3343-4703	コミュニティライフ　国立	042-571-0077
東急蒲田　産経学園	03-3733-1585	自由学園　明日館	03-3971-7326
大　阪　産経学園	06-6373-1241	T－アトリエ	03-3721-7652
NHK京都文化センター	075-343-5522	サロン　大倉山	045-544-0022
NHK文化センター青山教室	03-3475-1151	JTB　カルチャーサロン	03-5324-7557
日本橋三越カルチャーサロン	03-3274-8595	メープルレーン	03-3473-3988
玉川高島屋コミュニティクラブたまがわ	03-3708-6125	近鉄文化サロン　枚方	072-846-6508
プレジール	03-3719-9443	ル・ビジュー	0771-25-0007
目黒学園カルチャースクール	03-3442-7533	西日本新聞TNC宗像文化サークル	0940-37-1511
ユザワヤ芸術学院津田沼校	047-479-0909	通信講座	03-3721-7652

作品協力者（順不同）

加藤　照美　廣木美智子　浮田　牧子　吉田　時子　中村　理恵　横井喜代子　尾崎　末和　宮﨑　啓子　渡辺　和美
川野　英子　西郡　智子　太田　千香　長井那智子　蒔田　公子　瀬下ミツコ　柳本　純子　森　悦子　松崎　正勝
太田　正枝　青山　祐子　高野吏里子　加藤　英子　大松　紀子　長沼　祐子　今井まゆみ　石野　順子　星野紀代子
橋本　良子　桜井　勝恵　佐々木由紀　新垣　洋子

コーディネーター／草野　裕子

スウィート グラスリッツェン
輝きの手彫りガラス

著　者	井上　裕子（いのうえゆうこ）
発行者	田波　清治
発行所	株式会社　マコー社
	〒113-0033　東京都文京区本郷4丁目13番7号
	TEL　東京（03）3813-8331
	FAX　東京（03）3813-8333
	郵便振替　00190-9-78826
印刷所	大日本印刷株式会社

©2007　Yuko Inoue

平成19年7月15日初版発行

定価はカバーに表示してあります。落丁・乱丁その他不良の品は弊社でお取替えいたします。ISBN978-4-8377-0107-1